Ursula Weidenfeld I Michael Sauga
GELDUNTERGANG

Ursula Weidenfeld I Michael Sauga

GELD
UNTERGANG

**Wie Banken und Politik unsere
Zukunft verspielen**

Piper München Zürich

Mehr über unsere Autoren und Bücher:
www.piper.de

MIX
Papier aus verantwor-
tungsvollen Quellen
FSC® C014889

ISBN 978-3-492-05534-5
© Piper Verlag GmbH, München 2012
Satz: Kösel, Krugzell
Druck und Bindung: Pustet, Regensburg
Printed in Germany

Inhalt

Einleitung

Keine Hand hebt sich. Keine. Ist Europa noch einen Rettungsschirm wert? Wieder geht keine Hand nach oben. Soll Deutschland weitere Rechte an Europa abtreten, um den Euro zu retten? Erst recht nicht. Keiner der Schüler des Potsdamer Gymnasiums, die sich Anfang 2012 die Projektwoche »Finanzkrise« ausgesucht haben, würde in Europa noch mehr investieren, als die Deutschen ohnehin schon in die Schicksalsgemeinschaft eingebracht haben: eine stabile Währung, eine gesunde Wirtschaftsstruktur, das Potenzial der deutschen Steuerzahler.

Nicht einmal bei 14- bis 16-jährigen Gymnasiasten, der Generation, die am meisten europäisch denkt und handelt, ist Europa zurzeit mehrheitsfähig. Schon gar nicht bei den Erwachsenen. Zu viel Krise, zu wenig Perspektive. Würde in Deutschland in diesen Tagen ein Referendum über Europa abgehalten, es würde scheitern.

Vier Jahre nach Ausbruch der Finanzkrise steht Deutschland ziemlich alleine da. Die Wirtschaft ist erstaunlich robust, die Arbeitslosigkeit niedrig, die Börse schon fast wieder auf Vorkrisenniveau. Alles geht gut. Und doch hat sich eine tiefe Verunsicherung eingefressen in die Köpfe und Herzen der Menschen: Was ist das Ersparte wert? Wird es eine neue Inflation geben? Steht der Gelduntergang bevor? Wer bezahlt die Rettungsschirme für Griechenland, Portugal und Irland? Wer die Schulden, die dafür gemacht werden? Ist Griechenland noch zu retten? Was ist, wenn auch Italien Hilfe braucht? Fliegt der Euro auseinander? Was soll Deutschland, was kann ich tun?

Auf die meisten dieser Fragen gibt es keine klare Antwort. Der Traum von einem großen Befreiungsschlag, der auf einen Rutsch alle Sorgen vertreibt, ist eine Illusion. Dennoch gibt es ein paar Dinge, die wichtig sind und richtig bleiben: Die Einführung des Euro schon 1999 war ein Fehler. Aber jetzt ist er da. Ihn platzen zu lassen wäre hoch riskant. »Scheitert der Euro, scheitert Europa«, hat Bundeskanzlerin Angela Merkel gesagt. Auch wenn ihr heute die Mehrheit der Deutschen ein trotziges »Na und?« zur Antwort geben würde: Wahrscheinlich hat sie recht. Zumindest der Kern Europas darf nicht scheitern. Dann wären alle auf Jahre hinaus Verlierer.

Doch es geht nicht nur um das Schicksal der Währungsunion und um eine europäische Identität. Viel grundsätzlicher sind die Fragen, die sich an das Prinzip der Marktwirtschaft richten: Ist der Kapitalismus zu retten? Ist er es überhaupt wert, gerettet zu werden? Kann eine Marktwirtschaft Gerechtigkeit herstellen? Welche Rolle spielen Schulden überhaupt in unserer Art, Geschäfte zu machen, und welche Rolle sollten sie spielen? Wem dient das Geld – der Finanzindustrie oder den Bürgern?

Auch diese Fragen offenbaren die Erschütterung, die die Schuldenkrise ausgelöst hat, bei Jugendlichen und Erwachsenen gleichermaßen. Grundlagen der Marktwirtschaft erscheinen nun als Scheingewissheiten, die jahrzehntelang im Verborgenen doch nur eines getan haben könnten: einem Kartell von Banken, Großunternehmen und Politikern zu dienen.

Der wirtschafts- und finanzpolitische Mainstream der Jahre vor 2008, wonach deregulierte Märkte immer die besseren Marktplätze sind, ist von einem neuen ebenso gefährlichen Mainstream abgelöst worden. Jetzt soll der Staat der mächtigste Spielgestalter sein. Es ist schon merkwürdig. Noch nie wurden Politiker so verachtet und angefeindet wie heute. Doch noch nie hat man ihnen freiwillig so viele Aufgaben zugewiesen. Selbst wenn sie mit der größtmöglichen persönlichen Autorität, Integrität und dem umfassendsten Sachverstand ausgestattet wären: Diese Erwartungen könnten sie nicht erfüllen.

Und doch zeigen viele der Fragen, dass es ein ziemlich sicheres Gespür für die Verletzlichkeiten der Marktwirtschaft gibt. Eines ihrer wichtigsten Prinzipien ist in der Finanzkrise aus den Angeln gehoben worden: Nicht mehr die Reichen zahlen für die Schwachen. Die Schwachen müssen für die Reichen bezahlen. Mit ihrem Steuergeld werden Banken gerettet, Sanierungsprogramme bezahlt, Märkte gestützt.

9

Der legendäre US-Finanzguru Warren Buffett wundert sich lauthals, dass er weniger Steuern zu bezahlen hat als seine Sekretärin.

Der amerikanische Wirtschaftswissenschaftler Robert Shiller hat sich kürzlich die Liste der 500 reichsten Amerikaner vorgenommen. »Sie werden kaum einen der Namen darauf kennen«, sagte er anschließend bei einer Vorlesung. Bis auf die Talkmasterin Oprah Winfrey sind Showgrößen, Hollywood-Stars, Baseball- oder Tenniscracks darauf nicht mehr zu finden. Es sind kaum Unternehmer, nur noch wenige Vertreter des alten amerikanischen Reichtums dabei. Stattdessen rangieren Finanzinvestoren auf den obersten Plätzen.

Unbekannte haben sich den amerikanischen Traum angeeignet. Die meisten von ihnen sind noch keine zehn Jahre auf der Reichenliste vertreten. Das ist selbst den Amerikanern, die sonst nicht viel gegen Ungleichheit einzuwenden haben, zu viel. Denn diese Leute haben ihr Geld zuerst vor und dann mit der Finanzkrise verdient. Sie haben auch dann noch gewonnen, als alle anderen verloren haben. Ihre Gewinne haben sie eingesteckt, die Verluste durch die Krise dagegen wurden sozialisiert.

Der Grundkonsens der Marktwirtschaft in demokratischen Gesellschaften war bisher, dass sie den Tüchtigen den Weg nach oben öffnet. Heute steht sie unter dem Generalverdacht, den Reichen genutzt, die Armen aber noch ärmer gemacht zu haben. Vielen ist sie nicht mehr der Garant für eine offene Gesellschaft, sondern das Rollgitter, das die bessere Gesellschaft zuverlässig vom gemeinen Volk abschotten soll.

Es lohnt sich also, darüber nachzudenken, was der richtige Weg aus der Krise ist. Dazu muss man versuchen, sie zu verstehen, ihre Ursachen zu erkennen und die heutigen Strategien der Krisenfeuerwehren zu bewerten. Eine Krise ist immer ein Wendepunkt. Man kann sich besinnen und künftig ein paar Dinge anders entscheiden. Man kann entscheiden, welche Prinzipien der Marktwirtschaft heute die richtigen sind und wie ihnen zur Geltung verholfen werden kann.

Für diese Verhandlung müssen wir wieder eine gemeinsame Sprache finden. Wie kaum etwas anderes entlarven die unterschiedlichen Codes der Finanzwelt und ihrer Kritiker, wie groß die Sprachlosigkeit geworden ist, wie weit die Welten auseinanderdriften. Das ist eine Zerreißprobe für die Verbindungsleute dieser beiden Welten: für die Politiker.

Während Banken und Investmenthäuser eine Eigenkapitalrendite von 25 Prozent vor der Krise für ziemlich normal hielten, empörten sich Politiker und Gewerkschaften einstimmig über die Gier, die sich darin offenbare. Topmanager finden es in Ordnung, wenn sie Millionenboni für ihre Arbeit erhalten. Eine breite Bevölkerungsmehrheit sieht darin eher eine Methode, wie sich diejenigen selbst bedienen können, denen es ohnehin schon gut geht. Politiker debattieren gewandt über Rettungsfazilitäten, Leveraging und Bail-out-Konditionen – der Öffentlichkeit ist das Grund genug, sich entsetzt aus der Debatte abzumelden.

Je komplizierter die Welt wurde, desto weiter entfernten sich die Sphären ihrer Führungskräfte von denen der normalen Bürger. In den Anfangsjahren des westdeutschen Wirtschaftswunders reichten noch einfache Begriffe, um den öffentlichen Austausch zum richtigen Kurs der Wirtschafts- und Sozialpolitik möglich zu machen.

»Komplex« ist das neue Wieselwort für die Fachleute geworden. Mit »komplexen Finanzprodukten« wird der Schuldige für die Finanzkrise gleichermaßen benannt und verborgen. Mit »komplexen Märkten« wird die Verantwortung für die Krise einerseits lokalisiert, andererseits in einen extraterrestrischen Raum verbannt. Mit »komplexer Welt« schließlich wird das Kartell aus Politikern, Wirtschaftsführern, Regulierern, Beratern und Wissenschaftlern legitimiert, das die westliche Welt aus der Krise ziehen soll. »Komplexität« ist zur universalen Entschuldigungsformel geworden, die Grenzen der Gewaltenteilung zu missachten, die Verfassungen der Nationalstaaten zu beugen oder auch nur die großen Treffen des Kartells der Weltenretter zu bemänteln.

Komplexität heißt, dass man Probleme auch dann nicht vollständig begreifen kann, wenn man die Details ihres Zustandekommens kennt. Umso merkwürdiger ist es, dass mit der Vielschichtigkeit der Probleme »alternativlose« Lösungswege Konjunktur bekamen. »Alternativlos« – das war das politische Radikalverfahren im Ringen um den richtigen Weg aus einer Situation, die zu kompliziert war, um sie zu verstehen. »Alternativlos« – das ist in demokratischen Gesellschaften aber auch die Kündigung des demokratischen Prinzips. Man darf noch abstimmen, aber nicht mehr Nein sagen.

Die gewählten Volksvertreter in allen Staaten, die von der Finanzkrise betroffen sind, fügten sich erbittert in ihr Schicksal, die Kulisse für längst getroffene Entscheidungen abzugeben.

Die Finanzkrise und die europäische Schuldenkrise haben viel mehr erschüttert als nur die Weltwirtschaft. Sie haben deutlich gemacht, wie stark demokratische Konventionen vom wirtschaftlichen Erfolg einer Volkswirtschaft abhängen.

Dieses Buch soll beschreiben, dass die Welt zwar kompliziert ist, man sie aber trotzdem verstehen kann. Es soll erklären, wie es zu dem großen Systemversagen kommen konnte – und welche Wege sich für einen Neustart empfehlen.

Das Manuskript zu diesem Buch wurde Anfang Februar 2012 abgeschlossen. Zu diesem Zeitpunkt rangen Griechenland und die europäische Union wieder einmal um neue Milliarden, die das Land retten sollen. Auf den Straßen Athens liefen die Bürger Sturm gegen Gehalts- und Rentenkürzungen, Entlassungen im öffentlichen Dienst und Spardiktate für die private Wirtschaft. Offen war damals, ob ein regulärer Staatsbankrott eingeleitet wird, oder ob Griechenland mit neuen Schulden am Leben gehalten wird. Gewiss blieb dagegen, dass die Zukunft der Gemeinschaftswährung nicht gesichert ist.

Die Krise des Westens

Zwei Männer und ein Rettungsboot

Es ist ein trüber Tag im November, in der ehrwürdigen Alten Oper unweit des Frankfurter Bankenviertels versammelt sich Deutschlands Geldelite zum Kongress. Für den Chef der Europäischen Zentralbank, Mario Draghi, ist ein Platz in der ersten Reihe reserviert, nicht weit von seinem deutschen Kollegen Jens Weidmann. Die Vorstandsvorsitzenden der großen Kreditinstitute werden erwartet und die Vertreter von Aufsichtsbehörden und internationalen Finanzinstitutionen wie der Osteuropabank oder dem Internationalen Währungsfonds. Der Saal ist in orangefarbenes Dämmerlicht getaucht, aus den Lautsprechern dröhnt dramatische Eröffnungsmusik wie aus einer TV-Dokumentation zum Zweiten Weltkrieg.

Die Tonlage entspricht der Stimmung. Vor zwei Wochen erst haben sich Europas Regierungschefs getroffen, um über Wege aus der schwersten Finanzkrise der Nachkriegszeit zu beraten. Doch seither ist die Lage nicht besser, sondern schlechter geworden, wie den Titelseiten der aktuellen Tageszeitungen zu entnehmen ist. In den USA sind die Staatsschulden auf einen neuen Rekordstand geklettert, die Euro-Krise hat sich weiter zugespitzt, die japanische Regierung stellt sich auf die nächste Konjunkturflaute ein. Deutschlands Versicherungskonzerne melden schrumpfende Geschäfte, US-Investoren ziehen ihre Mittel aus europäischen Geldhäusern ab, die Kreditwürdigkeit deutscher Landesbanken sinkt. Überall ist in den Meldungsspalten von »Nervosität«, »Besorgnis« und »Rückschlägen« zu lesen.

Angst regiert die Finanzwelt, und so bemühen sich die Krisenmanager aus Politik und Kreditwirtschaft, bei ihrem Treffen Signale der Einigkeit auszusenden. Im Foyer hat Deutsche-Bank-Chef Josef Ackermann einen Pulk Pressevertreter um sich versammelt, um ihnen unter dem gleißenden Licht der Videoscheinwerfer jene Botschaften in die Blöcke zu diktieren, von denen er sich eine beruhigende Wirkung auf die Börsen verspricht. Die Politik müsse endlich die versprochenen Krisenprogramme umsetzen, fordert er, und deutlich machen, dass Griechenland ein Einzelfall sei. Wenig später fährt Finanzminister Wolfgang Schäuble mit seinem Rollstuhl auf die mit weißen Rosen geschmückte Bühne und sagt, dass die Regierung nun die versprochenen Krisenprogramme umsetzen werde und Griechenland ein Einzelfall sei.

So etwas nennt man Schulterschluss, und Schäuble kann gar nicht genug vorführen, wie nah er sich an diesem Tag den Vertretern der deutschen Bankenbranche fühlt. Finanzindustrie und Politik müssten endlich aufhören, sich gegenseitig die Schuld an der Misere zuzuschieben, verlangt er, um dann jenen Vergleich hinzuzufügen, der in Deutschland stets gezogen wird, wenn es gilt, eine Schicksalsgemeinschaft zu begründen: »Wir sitzen in einem Boot.«

Der Satz soll Mut machen, doch nicht nur den Finanzexperten in der Frankfurter Oper ist klar, dass es sich hierbei um den Mut der Verzweiflung handelt. Schäubles Boot, in dem Banker und Politiker einträchtig am Ruder sitzen, steht kurz vor dem Kentern, und das nicht nur in Deutschland.

In allen westlichen Industrienationen leiden die Geldinstitute unter faulen Krediten, fehlendem Kapital und trüben Geschäftsaussichten, zugleich bekommen die Regierungen ihre ausufernden Schulden nicht in den Griff. In den USA können sich Republikaner und Demokraten auf keine Strategie zur Sanierung des defizitären Staatshaushalts einigen. In Europa bedrohen die Schuldenberge Italiens, Spaniens oder Portugals den Bestand der Gemeinschaftswährung. In Japan stagniert seit zwei Jahrzehnten die Wirtschaftsentwicklung, obwohl die Regierung ein kreditfinanziertes Ausgabenprogramm nach dem anderen auflegt.

Was mit dem Preisverfall auf dem amerikanischen Immobilienmarkt begann, gefährdet inzwischen die finanzielle Existenz ganzer Staaten. Erst mussten die Regierungen die Banken retten, die sich in der Subprime Krise verspekuliert hatten. Jetzt sind die Banken in Not, weil sie zu viele Kreditpapiere der verschuldeten Staaten im Tresor hatten. Ein Teufelskreis wurde in Gang gesetzt, der nach Ansicht nicht weniger Experten in einer jener Katastrophen enden könnte, wie sie in Deutschland allenfalls noch vom Hörensagen bekannt sind: Staatsbankrott, Hyperinflation, Währungsreform.

Keine der üblichen Konjunkturflauten ist zu beobachten, sondern ein schwerer Schaden an der zentralen Antriebsachse des Kapitalismus. Ein halbes Jahrhundert lang funktionierte die Verbindung von Geld und Politik zu beiderseitigem Nutzen. Die Staaten förderten die Geschäfte der Kreditwirtschaft, die Banken finanzierten einen Gutteil der öffentlichen Ausgaben. Auch gesamtwirtschaftlich galt die Symbiose lange als Erfolgsmodell, seit den frühen Achtzigerjahren erlebten Europa und Amerika ein Phase anhaltenden Wachstums und stabiler Preise.

Dann brach die Investmentbank Lehman Brothers zusammen, und seither rätselt die Welt, was schiefgelaufen ist. Die einen, wie etwa der Philosoph Jürgen Habermas, sehen einen »verwilderten Finanzkapitalismus« am Werk, der die westlichen Demokratien nach Belieben manipuliert und die gewählten Volksvertreter an seinen »Drähten zappeln« lässt. Die anderen halten die Finanz- und Schuldenkrise für ein Zeichen des Werteverfalls. Der 2009 verstorbene liberale Soziologe Ralf Dahrendorf etwa beschrieb die westliche Staatenwelt auf dem Weg »vom Spätkapitalismus zum Pumpkapitalismus«, der nicht mehr auf Leistung, sondern auf »Konsum und wachsende Verschuldung« gegründet sei, also »einem Übermaß an Genuss«.

Doch damit sind bestenfalls die Symptome der Malaise beschrieben. Ohne Zweifel prägen Profitstreben und Gier das Erscheinungsbild der Schuldenkrise, aber sie haben sie nicht verursacht. Der eigentliche Krankheitskeim ist in jener US-amerikanischen Wirtschaftsdoktrin zu suchen, die den Globus seit einem Vierteljahrhundert beherrscht und im Kern aus zwei Elementen besteht: dem Turbokapitalismus, der die Finanzmärkte so weit wie möglich entfesseln will, und dessen gefälligerem, aber nicht weniger gefährlichem Bruder: dem Turbo-Keynesianismus.

Die kluge Idee des britischen Wirtschaftswissenschaftlers John Maynard Keynes, wonach der Staat bei schweren Konjunktureinbrüchen die Nachfrage stützen muss, haben seine amerikanischen Nachfolger zur Dauertherapie umgedeutet. Wann immer das Wachstum nachlässt oder die Börsenkurse einbrechen, so lautet die US-Variante der Keynes'schen Lehre, muss die Notenbank die Zinsen senken und der Staat mit Konjunkturprogrammen aushelfen.

»Kickstart« nennen Börsianer die Methode, die niemand überzeugender handhabe als der langjährige US-Notenbankchef Alan Greenspan. Von 1987 bis 2006 leitete er das Federal Reserve Board (Fed) im Geist der neuen US-Religion, deren Glaubenskanon aus dem gleichermaßen eingängigen wie uramerikanischen Ruf nach billigem Geld und freien Märkten bestand.

Greenspan war der Prophet, aber er war nicht allein. Seine Priester waren die Chefs der großen Wall-Street-Firmen, die rasch erkannten, wie sehr die neuen Glaubenssätze ihr Geschäft beförderten. Als Theologen waren die Ökonomen in Universitäten und Think Tanks behilflich, die Greenspans Lehrsätzen die Aura wissenschaftlicher Unangreifbarkeit verliehen. Und seine Gemeinde bestand aus Millionen von Privatanlegern und Kleinaktionären, die gläubig verfolgten, wie der allmächtige Fed-Chef eine Heimsuchung nach der anderen bannte. Aktien-Crash, Asienkrise, Nine-Eleven-Terror: Regelmäßig schaffte Greenspan es, die Kurse zu stabilisieren und die Wirtschaft wieder auf Wachstumskurs zu führen.

Auch die Politiker jubelten. Früher hatten ihnen die Ökonomen stets weisgemacht, sie müssten zwischen dem Übel der Arbeitslosigkeit und der Geißel der Inflation wählen. Jetzt stand ihnen eine Geldpolitik zu Diensten, die nicht nur krisenfreies Wachstum, sondern auch die Einebnung alter politischer Gegensätze versprach. Es war ein Programm, das funktionierte wie ein Warenhauskatalog: Die Rechten bekamen die Deregulierung der Märkte, für die Linken gab es niedrige Zinsen, die sich für allerlei Wohlfahrtsprogramme nutzen ließen.

Kein Wunder, dass die US-Geldpolitik auch unter Europas Sozialisten bald als vorbildlich galt. Greenspan dürfe »als der Meister des Aufschwungs und des Wirtschaftswachstums« gelten, schwärmte etwa der langjährige SPD-Vorsitzende und spätere Linkspartei-

Gründer Oskar Lafontaine, der sich sonst nicht gerade als besonderer Freund der Vereinigten Staaten verstand. Greenspan aber war für ihn ein Held. Der Fed-Chef habe »mit einer klugen Geldpolitik das Ruder in Amerika wieder herumgerissen«, jubelte er und empfahl der notorisch stabilitätsversessenen Bundesbank, sich die US-Kollegen zum Vorbild zu nehmen. Die Fed habe begriffen, dass »Geldpolitik auch für Wachstum und Beschäftigung verantwortlich ist«.

Nicht nur die deutsche Linke huldigte dem Notenbankchef. Weltweit haftete Greenspan bald der Ruf eines Wunderdoktors an, dessen Medizin die Lösung aller Probleme versprach. Die befreiten Finanzmärkte würden das Kapital künftig automatisch in die wachstumsträchtigsten Felder lenken, so lautete die Verheißung, zugleich würden Greenspans kluge Zinsentscheidungen den Konjunkturzyklus dämpfen. Kurz, mit der Turboökonomie amerikanischer Machart schien endlich möglich zu werden, was der Menschheit seit der Industrialisierung als Traum erschienen war: den Kapitalismus gleichzeitig zu entfesseln und zu zähmen.

Doch wie es so ist mit Arzneien, falsch dosiert können sie zum Gift werden, oder wie im Fall der US-Wirtschaft: zum Rauschgift. Denn das billige Geld, das Greenspan verordnete, brachte den Organismus nur kurzzeitig auf Touren, langfristig richtete es all jene Schäden an, die seit jeher mit der Verabreichung von Aufputschmitteln verbunden sind. Sie schwächen den Organismus, vernebeln die Sinne und verändern die Persönlichkeit. Vor allem aber, sie machen abhängig.

Im Fall der US-Ökonomie kann über den Befund kein Zweifel bestehen. Was in der ersten Hälfte des vergangenen Jahrzehnts als amerikanisches Wirtschaftswunder gefeiert wurde, war in Wahrheit ein Patient auf Droge – mit dem Dealer in der Währungsbehörde.

Nicht nur Notenbanker wissen: Wer das Geld verbilligt, erleichtert das Schuldenmachen. In den USA wurde Geld extrem verbilligt, entsprechend wurde die Kreditaufnahme zum Kinderspiel, in allen Abteilungen der Gesellschaft. Die Verbraucher hörten auf zu sparen und konsumierten auf Pump. Die Unternehmen legten weniger Gewinne zurück, stattdessen nahmen sie Kredite auf. Die Regierung erhöhte keine Steuern, sie finanzierte ihre Kriege am Golf und im Irak mit neuen Schulden. Ein ganzes Land lebte über seine Verhältnisse, wie sich alsbald in der US-Leistungsbilanz ablesen ließ. Zwischen 2000 und 2005 lag das Defizit fast fünf Mal so hoch wie in der ersten Hälfte der Neunzigerjahre.

Den Vorteil hatte die Finanzindustrie. Von jeher profitieren vor allem die Banken, wenn der Zinssatz niedrig und die Kapitalnachfrage groß ist. Unter den Bedingungen der US-Turboökonomie aber begannen die Geschäfte der Kreditbranche regelrecht abzuheben. Immer exotischere Finanzprodukte wurden erfunden, immer rasanter stiegen die Boni der Banker, immer schneller kletterten Häuserpreise und Aktienkurse. Greenspans Niedrigzinsen sollten den Wohlstand des kleinen Mannes erhöhen, stattdessen machten sie vor allem die Reichen reicher.

Der Konzentration des Geldes entsprach die Konzentration der Macht. Die amerikanische Finanzindustrie, die schon immer über großen Einfluss in Washington verfügte, wurde in der Greenspan-Ära allmächtig. Andere Wirtschaftszweige beschäftigten Lobbyisten, die Wall Street regierte mit. Ihre Top-Manager besetzten Spitzenpositionen im Finanzministerium oder der Notenbank, ihre Spendengelder nährten die Wahlkämpfe demokratischer wie republikanischer Präsidentschaftskandidaten, ihre Juristen diktierten die Gesetze zur Finanzmarktaufsicht. Die Kreditbranche zu fördern wurde Staatsräson, ganz nach dem Motto: »Was gut ist für Goldman Sachs, ist gut für Amerika.«

Auf dem Höhepunkt des Kreditbooms waren die Vereinigten Staaten noch immer eine der reichsten Industrienationen der Welt, regiert aber wurden sie von einer kleinen Kaste aus Finanzmanagern und Politikern, die zwischen dem Interesse der Geldwirtschaft und dem Allgemeinwohl keine großen Unterschiede sah. Von einer amerikanischen Variante der Oligarchenherrschaft sprachen Kritiker.

Doch die Mahner blieben in der Minderheit, in den USA genauso wie im Ausland. Im Hochgefühl des Aufschwungs wollte niemand die Schattenseiten des US-Modells sehen, im Blick war nur der Glanz. Die Welt staunte über die Millionen von Kleinverdienern, die über Nacht zu Eigenheimbesitzern wurden. Sie erfreute sich an der Kauflust der US-Verbraucher, die Autos, Heimcomputer oder Ferienwohnungen kauften, ohne auf den Kontostand zu achten. Und sie bewunderte die mächtigen Investmentbanken, deren Wertpapier-Kreationen umso ausgefeilter schienen, je weniger sie zu verstehen waren.

Dass die Vereinigten Staaten das am weitesten fortgeschrittene Land des Kapitalismus sind, konnte die Menschheit nicht nur den Papieren der tonangebenden US-Wirtschaftswissenschaftler entnehmen. Die Erkenntnis schwang auch in dem schneidigen Ton mit, in dem sich amerikanische Regierungsmitglieder auf den jährlichen Tagungen des Internationalen Währungsfonds als Vorbild anpriesen. Die Realwirtschaft ist Vergangenheit, so lautete ihr Schlachtruf, die Zukunft gehört den Finanzdienstleistungen.

Die These kam nicht als Prognose, sondern als Gewissheit daher, entsprechend begeistert nahmen große Teile der westlichen Welt die neue Wirtschaftslehre auf. In Großbritannien wurde das US-Modell als Fortsetzung des Marktradikalismus einer Margaret Thatcher gelobt. In Japan galt es als Mittel der Wahl, um die dahinsiechende Wirtschaft flott zu machen. Ganz wie es der Turbo-Keynesianismus empfahl, senkten die Tokioter Regierungen die Zinsen und brachten ein Konjunkturprogramm nach dem anderen auf den Weg. Nur auf dem europäischen Kontinent waren Vorbehalte zu hören. Die staatsgläubige Elite Frankreichs hielt wenig von der Idee, die Finanzmärkte dem freien Spiel der Kräfte zu überlassen. Und die Deutsche Bundesbank sah in den modernen Kreditlehren aus Washington und New York nichts anderes als einen Angriff auf ihre traditionelle Stabilitätskultur.

Die Frankfurter Währungshüter hielten die Idee, mit der Geldpolitik die Konjunktur steuern zu wollen, im besten Fall für Scharlatanerie, im schlimmsten für den Weg in den Abgrund. Den Neuerungen der Finanzindustrie, die weltweit als ökonomischer Fortschritt gepriesen wurden, standen sie nicht mit Bewunderung, sondern mit Argwohn gegenüber. Und der amerikanischen Niedrigzinspolitik begegneten sie schon deshalb mit Skepsis, weil sie dem bewährten deutschen Notenbanker-Lehrsatz widersprach, wonach nur knappes Geld gutes Geld ist.

Nach diesem Prinzip war die D-Mark zur stärksten Währung des Kontinents geworden, nach diesem Prinzip sollte auch die neue Gemeinschaftswährung stabil gehalten werden. Der Euro, so hatten es die Politiker den Deutschen versprochen, werde genauso werden wie die Mark, nur noch härter.

Es kam anders. Kaum war das neue Geld eingeführt, wurde es auch schon amerikanisiert, mit denselben Motiven wie jenseits des Atlantiks, aber mit schlechterem Gewissen. Die Politiker verletzten ihre selbst gesetzten Haushaltsregeln, angeblich um Konjunkturpolitik zu betreiben. Die Währungshüter in der Europäischen Zentralbank führten zwar pro forma die Prinzipien der Bundesbank fast, tatsächlich aber hielten sie nach dem Vorbild der Fed die Zinsen niedrig. Und auch die Deregulierung auf den Finanzmärkten wurde vorangetrieben, allerdings unter den Bedingungen der europäischen Kleinstaaterei.

So kam es, dass sich überall auf dem alten Kontinent bald Finanzblasen bildeten, die zwar nicht so groß waren wie in den USA, aber dafür zahlreicher. In Spanien explodierten die Immobilienpreise, im irischen Dublin wuchs ein Büropalast nach dem anderen in den Himmel, in Griechenland verprasste die Regierung das Geld, indem sie einen absurd aufgeblähten Staatsapparat mästete. Befördert wurde das Schuldenwachstum, weil die Euro-Einführung die Illusion nährte, als herrsche in allen Mitgliedsländern das gleiche Investitionsrisiko.

So vermittelte die Wirtschaft der westlichen Industrieländer zur Mitte des vergangenen Jahrzehnts ein trügerisches Bild. Bei oberflächlicher Betrachtung wirkte der Patient gesund. Doch wer ihn unter den Röntgenschirm legte, konnte erkennen, wie krank er in seinem Inneren war. Die Finanzindustrie, das Herz-Kreislauf-System der westlichen Volkswirtschaften, war unter der ständigen Zufuhr von Aufputschmitteln auf groteske Größenordnungen angewachsen. Immer schneller musste das Herz schlagen, um das Blut noch durch die geschwollenen Adern pumpen zu können.

Nun erkannten auch die Doktoren der amerikanischen Zentralbank, dass sie ihr Medikament falsch dosiert hatten. Binnen 24 Monaten schraubten sie den Zinssatz um den Faktor fünf nach oben. Die Dealer hatten die Droge abgesetzt. Was folgte, war der Kollaps.

Der Banker als Rebell

Jens Weidmann ist niemand, dem ein Filmregisseur die Rolle des Aufrührers geben würde. Der Präsident der Deutschen Bundesbank hat ein schmales, blasses Gesicht, das rotblonde Haar ist korrekt gescheitelt, auf der Nase sitzt eine schwarze Hornbrille. Wäre er Schauspieler geworden, würde ihn seine Agentur wohl hauptsächlich in den Kategorien »Schwiegersohn« oder »leitender Angestellter« vermitteln.

Im Herbst des Jahres 2011 jedoch stand der unscheinbare Wirtschaftsfachmann nahezu allein einer der machtvollsten Allianzen gegenüber, die es in der Geschichte der internationalen Finanzpolitik je gegeben hat. Ihr Oberbefehlshaber war niemand anderes als der mächtigste Mann der Erde, der amerikanische Präsident Barack Obama, sekundiert von seinem Finanzminister Timothy Geithner. Als seine Generäle konnte er die Chefs der internationalen Finanzinstitute ins Feld führen, von der Generaldirektorin des Internationalen Währungsfonds Christine Lagarde bis zu Weltbankpräsident Robert Zoellick. Zu seinen Verbündeten zählten die Regierungschefs fast aller europäischen Staaten, die Finanzindustrie der Wall

Street und die Creme der angelsächsischen Ökonomenszene.

Weidmanns Guerilla-Armee dagegen bestand aus nicht mehr als ein paar Notenbankern nordeuropäischer Länder, Vertretern der Bundesregierung sowie einigen Anhängern in der heimischen Bankenbranche. Es war eine bescheidene Truppe, deren Moral schon deshalb nicht die beste war, weil sie bereits beträchtliche Verluste zu beklagen hatte. Weidmanns Amtsvorgänger, der ehemalige Bundesbankpräsident Axel Weber, hatte nach einjährigem Abnutzungskrieg seinen Dienst quittiert, das deutsche Zentralbankratsmitglied Jürgen Stark war bald darauf ebenfalls von der Fahne gegangen.

Nicht mit Bomben oder Gewehren wurde dieser Konflikt geführt, sondern mit Positionspapieren, Interviews und Konferenzbeiträgen. Keine Toten waren in diesem Ringen zu beklagen, dafür wurden Überraschungsangriffe befohlen und Bündnisse geschlossen, Positionen gewechselt und es wurde mit dem Einsatz immer schwererer Waffen gedroht, nach der erprobten Logik militärischer Abschreckung. War anfangs noch von der »großen Bazooka« die Rede, wurde bald der Abwurf der »Nuklearwaffe« ins Gespräch gebracht. Es ging nicht darum, Territorien oder Rohstoffe zu erobern, es ging um die Hoheit über Europas Währungspolitik.

Die Europäische Zentralbank müsse endlich in großem Stil Staatsanleihen verschuldeter Euro-Länder ankaufen, so verlangten Weidmanns Gegner. Nur so könne verhindert werden, dass Länder wie Italien, Spanien oder Portugal untragbar hohe Zinsen zahlen müssten. Nur so könne der Euro gerettet werden.

Weidmann hielt dagegen. Ein unbegrenzter Ankauf von Staatsanleihen verstoße nicht nur gegen die europäischen Verträge, so argumentierte er, er würde auch nicht die erhoffte Wirkung haben. Es werde nur neues Geld geschaffen, aber kein einziger Staatshaushalt saniert. Am Ende stünde nur eins: Inflation.

Weidmann war sich sicher, für die richtige Sache zu kämpfen. Aber er wusste auch: Recht haben und recht bekommen sind zweierlei.

An einem Tag im Spätherbst 2011, als die Schlacht besonders heiß tobte, saß der Notenbanker an seinem penibel aufgeräumten Schreibtisch in der zwölften Etage der Frankfurter Bundesbankzentrale. Gerade hatten zwei Reporter einer Londoner Finanzzeitung auf seinem schwarzen Besuchersofa gesessen und ihn mit jenen Fragen bestürmt, die seit Tagen auch in der nationalen und internationalen Wirtschaftspresse gestellt wurden. Wie lange er sich noch weigern wolle, »die Silberkugel« abzufeuern, wollte die *Financial Times* wissen. Warum er lieber an »die nächste Havarie« denke anstatt erst einmal »die Passagiere in die Boote zu bringen«, fragte der deutsche Ökonom Bert Rürup. Ob es ihm nicht klar sei, dass er »einen anachronistischen Krieg« führe, ätzte der britische Historiker Niall Ferguson.

Weidmann stand am Fenster seines riesigen Büros, von dem er einen spektakulären Blick über die Frankfurter Banken-Skyline genoss. Die Fassaden der silbergrauen Türme leuchteten in der Abenddämmerung wie eh und je, doch ein Ausweis wirtschaftlicher Stärke waren sie schon lange nicht mehr. Die Commerzbank musste schon seit Jahren vom Staat gestützt werden, die Deutsche Bank hatte ihr Renditeziel gesenkt, in den übrigen Wolkenkratzern waren nach Auskunft Frankfurter Makler mehr als zwei Millionen Quadratmeter Bürofläche nicht dauerhaft vermietet, ein größerer Leerstand als in jeder anderen deutschen Stadt.

Weidmann wusste, dass er sich auf die Unterstützung der angeschlagenen deutschen Finanzinstitute nicht würde verlassen können. Öffentlich stärkten ihm die Bankchefs und ihre Verbandsfunktionäre zwar den Rücken. Doch wenn die Mikrofone abgeschaltet waren, redeten die Vertreter der deutschen Kreditbranche ganz anders. Dann raunten sie im Chor mit ihren französischen, britischen oder italienischen Kollegen, dass an groß angelegten Staatsanleihe-Käufen kein Weg vorbeiführe, schon aus Selbsterhaltungstrieb. Schließlich hatten alle europäischen Banken im Milliardenumfang Staatspapiere aus Italien und Spanien im Depot.

Weidmann hatte sich wieder an seinen Schreibtisch gesetzt und über die Zuverlässigkeit seiner Bündnispartner nachgedacht. Die deutsche Finanzindustrie? Die hatte sich unter dem Einfluss der amerikanischen Kreditpolitik ganz von der Zufuhr billigen Geldes abhängig gemacht. Die Regierung? Nun, die Politiker standen unter ständigem Druck ihrer ausländischen Partner. Wollte Weidmann Banken und Politiker an seine Seite zwingen, musste er auf einen anderen Verbündeten setzen, den er nicht nur wegen seiner zahlenmäßigen Stärke, sondern auch wegen seiner Verlässlichkeit schätzte: die deutsche Öffentlichkeit.

Dafür gab es Gründe. Kaum eine andere Institution genoss bei den Bundesbürgern so viel Vertrauen wie die Währungsbehörde, kaum eine andere war jenseits aller Parteigrenzen derart unumstritten. »Nicht alle Deutschen glauben an Gott«, hatte der legendäre französische Europapolitiker Jacques Delors einst gespottet, »aber alle glauben an die Bundesbank.«

Tatsächlich ging es im Konflikt zwischen Weidmann und dem Rest der Finanzwelt nicht um ein paar Staatspapiere mehr oder weniger im Tresor der Europäischen Zentralbank, sondern ums Prinzip. Es ging um die Frage, worin die Aufgabe der Währungshüter in der Nach-Lehman-Welt besteht. Sollen sie allein die Preise stabil halten oder müssen sie auch den Kampf gegen die Arbeitslosigkeit führen? Sind sie den Interessen der Regierung und der Finanzindustrie verpflichtet oder folgen sie den Bedürfnissen von Verbrauchern und Sparern? Und nicht zuletzt: Soll die Welt weiter den Vorgaben einer fehlgeleiteten Geld- und Konjunkturpolitik nach amerikanischer Machart gehorchen?

Weidmanns Skepsis gegenüber dieser Form der Wirtschaftslenkung war im Lauf seiner Karriere gewachsen. Als Ökonom beim Internationalen Währungsfonds, beim Sachverständigenrat und bei der Bundesbank hatte er gelernt, bis zum Beweis des Gegenteils auf die Effizienz freier Märkte zu vertrauen. Dann hatte ihn Kanzlerin Angela Merkel zu ihrem Wirtschaftsberater berufen – und Weidmanns Grundvertrauen war nachhaltig erschüttert worden. Als die Finanzkrise ausbrach, fanden sich in seinem Büro bald reihenweise deutsche Bankmanager ein, die ihre Unternehmen in den Bankrott gewirtschaftet hatten, aber nun umso ungenierter staatliche Rettungsgelder verlangten. Von marktwirtschaftlichen Grundsätzen war das ungefähr so weit entfernt wie der Leiter der sowjetischen Gosplan-Behörde von Ludwig Erhard.

Umso freudiger nahm er wahr, wie die Mächtigen der Welt nach dem Ausbruch der Finanzkrise zunächst kollektiv Besserung gelobten. Auf dem Londoner Finanzgipfel im Frühjahr 2009 übernahm Präsident Barack Obama theatralisch die Verantwortung für den Crash und kündigte an, das »alte Verhalten, das zur Krise geführt hat«, ein für alle Mal abzustellen.

Doch schon bald wurde klar, dass er das so nicht gemeint hatte. Im Gegenteil: Unter amerikanischer Führung stemmte sich die Welt bald mit denselben Methoden gegen die Krise, mit denen sie hervorgerufen worden war. Die Notenbanken fluteten die Märkte mit billigem Geld, und die Staaten gaben Billionen aus, um ihre siechen Banken zu retten sowie teure

Konjunkturprogramme aufzulegen. Die Geschichte wiederholte sich doch: Schulden wurden mit Schulden bekämpft, auf alte Kredite neue gehäuft.

Der Urheber des Unheils, Fed-Chef Alan Greenspan, war inzwischen abgetreten, doch mit Ben Bernanke hatte ein Mann das Amt übernommen, der es sich zur Aufgabe gemacht hatte, die lockere Geldpolitik seines Vorgängers noch zu überbieten. Den Zinssatz hatte er bereits auf nahezu null gesenkt. Mehr war nicht möglich, also begann die Zentralbank, für Hunderte von Milliarden Dollar Staatsanleihen anzukaufen. Die Dealer hatten einen neuen Drogenkanal eröffnet, der direkt von der Notenbank zur Staatskasse führte.

Das frische Geld der Notenbanken belebte die Wirtschaft, doch zugleich wurde die nächste Blase aufgepumpt. Vor allem für die Banken waren die Schulden, die von den Staaten für ihre Rettungsprogramme aufgenommen wurden, ein lukratives Geschäft. Die Geldhäuser wiesen wieder Gewinne aus, schütteten Boni und Dividenden aus, als wäre nichts geschehen, und das Selbstbewusstsein ihrer Spitzenkräfte erreichte Vorkrisenniveau. »Ich bin auch nur ein Banker, der Gottes Werk verrichtet«, bekannte Goldman-Sachs-Chef Lloyd Blankfein und stellte damit klar, dass er gar nicht daran dachte, sein Verhalten zu ändern. Die Gier war zurück

Das Problem war nur, dass die volkswirtschaftlichen Lasten mit der Neuauflage der alten Turbopolitik nicht kleiner, sondern größer geworden waren.

Denn die Schulden aus der Finanzkrise waren ja nicht verschwunden, sie waren nur umgebucht und wie beim Schwarze-Peter-Spiel an den nächsten Empfänger weitergereicht worden. Erst hatten die US-Hypothekeninstitute ihre giftigen Immobilienkredite an die Investmentbanken der Wall Street abgegeben. Die hatten sie neu verpackt und unter den Finanzinstituten der ganzen Welt verteilt. Nun wurden sie an die Staaten transferiert, wo sie jene Schuldensumme vermehrten, die aus den Bankenrettungs- und Konjunkturprogrammen herrührte.

Entsprechend rasant kletterte die öffentliche Kreditaufnahme. In den vier Jahren zwischen 2007 und 2011 legte die Staatsverschuldung in den westlichen Industrieländern schneller zu als im Vierteljahrhundert zuvor. In den USA stieg sie von gut 70 auf über 101 Prozent des Bruttoinlandsprodukts. In der Euro-Zone nahm sie von 72 auf knapp 96 Prozent zu. In Japan kletterte sie von 167 auf fast 213 Prozent. Erstmals nach dem Krieg hatte der Schuldenstand der Industrieländer die 100-Prozent-Marke überschritten, jene magische Grenze, ab der Länder erfahrungsgemäß Schwierigkeiten bekommen, ihre Schulden zu bedienen.

Besonders groß war die Zunahme im Süden und Südwesten Europas. In Griechenland, Portugal, Italien, Spanien und Irland wuchs die Staatsschuld im kritischen Zeitraum fast doppelt so schnell wie im Rest der industrialisierten Welt. Fünf Jahre nach dem Zusammenbruch des US-Hypothekenmarkts hatten sich weltweit neue Schuldentürme aufgebaut, bei denen sich einzig die Frage stellte, welcher wohl zuerst einstürzen würde.

Nicht weniger gefährlich war, dass der neue Geldsegen auch die Anstrengungen der Regierungen erlahmen ließ, den überdimensionierten Finanzsektor zu sanieren. Die USA und Großbritannien machten klar, dass sie schärferen Kapitalmarktregeln nur so lange zustimmen würden, solange sie die Geschäfte ihrer Banken nicht gefährdeten. Zugleich versäumten es besonders die europäischen Staaten, ihren siechen Kreditsektor neu aufzustellen. Anstatt marode Banken zu schließen, wurden sie aus Angst vor den Kosten künstlich am Leben erhalten. Anstatt die Substanz der Finanzkonzerne zu stärken, wurden hohe Gewinne ausgeschüttet. Anstatt die Kosten zu senken, wurden Gehaltsprämien gezahlt, als hätte es nie eine Krise gegeben.

Auf ihren Gipfeltreffen hatten die Regierungen versprochen, ihre Banken grundlegend zu sanieren, erreicht hatten sie praktisch nichts. Noch immer gab es zu viele Geldinstitute am Markt, die zudem unter denselben Problemen litten wie zur Zeit des Lehman-Crashs: zu wenig Kapital, zu viele Kredite, zu hohe Risiken. Die Banken ertranken in Geld, wie der Internationale Währungsfonds Ende 2011 in einem Bericht feststellte, trotzdem sei der gesamte Finanzsektor »hochgradig instabil«, überall seien »Ansteckungsgefahren«, »Systemrisiken« und »Strukturschwächen« auszumachen.

So war im Jahre drei nach dem Start der weltweiten Rettungsprogramme eine ernüchternde Bilanz zu ziehen. Nachhaltiges Wachstum war kaum in Sicht. Dafür hatte sich die Finanz- zu einer kombinierten Banken- und Staatsschuldenkrise ausgewachsen, die das Wirtschaftsleben zu ersticken drohte. Die Staaten misstrauten den Banken, die Banken misstrauten den Staaten, und die Bürger fürchteten um den Wert ihrer Ersparnisse.

Doch für die Vertreter des US-amerikanischen Wirtschaftsmodells war das alles kein Grund, ihre Krisenpolitik infrage zu stellen. Im Gegenteil, sie setzten sie in verschärftem Tempo fort. Von der »Exit«-Strategie, die das informelle Weltkabinett der G-20-Staaten auf seinen ersten Finanzgipfeln noch angekündigt hatte, um die Spirale staatlicher Schulden baldmöglichst zu stoppen, war schon lange keine Rede mehr. Stattdessen ging es um noch mehr Geld und noch mehr Kredite. Präsident Obama brachte weitere Konjunkturprogramme auf den Weg, und Fed-Chef Ben Bernanke kündigte unverdrossen an, die Zinsen weiter niedrig zu halten.

Widerspruch war unerwünscht. Als es Kanzlerin Merkel wagte, die Fed-Politik des billigen Geldes zu kritisieren und eine »Rückkehr zur Vernunft« zu fordern, wurde das in Washington als besonders hinterhältige Form von Sabotage verstanden. Merkel, hieß es, habe das Ausmaß der Krise nicht verstanden.

Dann geriet auch Italien unter den Druck der Märkte, und die USA holten zum Gegenschlag aus.

Die römische Regierung war der drittgrößte Schuldner der Welt, ihre Darlehenspapiere wurden praktisch von allen Finanzfirmen auf dem Globus gehalten, und so verlangte Washington ultimativ, dass die Europäische Zentralbank ihr Italien-Engagement drastisch ausweiten müsse. Hatte sie bisher nur sporadisch römische Anleihen erworben, müsse sie deren Kurs nun dauerhaft und unbegrenzt stützen, forderte die US-Regierung – auch wenn das nach den Zentralbankstatuten gar nicht erlaubt sei.

So sahen das auch Washingtons traditionelle Verbündete aus der Finanzindustrie und der Ökonomenzunft. Die EZB müsse die Kurse von Italien-Bonds »um jeden Preis« gegen die Spekulanten verteidigen, forderte ausgerechnet der britische Großinvestor George Soros, der dadurch reich geworden war, dass er erfolgreich gegen westliche Regierungen und Notenbanken spekuliert hatte. Und der US-Ökonom Paul Krugman, der sich sonst gerne als das gute Gewissen der Wirtschaftswissenschaft verstand, forderte Europas Zentralbanker auf, kurzerhand die geltenden Gesetze zu missachten. Es handele sich um eine »Extremsituation«, befand der Wirtschaftswissenschaftler, da müsse man eben »die Regeln brechen«.

Der fragwürdigste Beistand aber kam von den US-amerikanischen Ratingagenturen, die weltweit die Bonität öffentlicher wie privater Schuldner bewerten. In der Finanzkrise waren die Institute dadurch aufgefallen, dass sie noch die risikoreichsten Kreditpapiere mit ihrer Bestnote AAA ausgezeichnet hatten. Nun drohten sie mit der Herabstufung der Euro-Länder, weil die Zentralbank sich weigerte, noch mehr Geld zu drucken. Nötig seien »aggressivere Eingriffe« der Währungsbehörde, so forderten die Agenturen.

Am Ende des Jahres 2011 hatte die Finanz- und Staatsschuldenkrise ein neues Stadium erreicht. Was mit einem Preisverfall auf den Immobilienmärkten begonnen hatte, war zu einem Machtkampf zwischen den USA und Deutschland um die europäische Geldpolitik eskaliert. Es ging jetzt um die Frage, ob die Zentralbank des Kontinents ihre letzten Schleusen öffnen sollte, um nach dem Vorbild der Fed die Märkte mit einem Überschuss an Liquidität zu beruhigen. Es ging um das richtige Rezept gegen die Panik. Und es ging um die Frage, ob die Regierungen erneut jener Rettungslogik folgen sollten, die seit der Lehman-Pleite das staatliche Handeln in den Industrieländern bestimmt hatte: Alle Prinzipien müssen gebrochen werden, weil sonst der Weltuntergang droht.

Dabei sprach wenig dafür, dass die Doomsday-Prognose angebracht war. Italien ächzte zwar unter einem hohen Schuldenberg, aber die Einnahmen und Ausgaben ihres laufenden Haushalts hatte die römische Regierung besser im Griff als das angeblich so solide Deutschland.

Zudem waren die jüngsten Markteingriffe der Europäischen Zentralbank kaum als Erfolg zu bezeichnen. Woche für Woche kauften die Währungshüter in der zweiten Jahreshälfte 2011 römische Staatspapiere auf, doch die Finanzbedingungen für die Regierung besserten sich kaum. Gegen Ende des Jahres lagen die Zinsen, die Italiens Schatzamt für seine Darlehen bieten musste, fast genauso hoch wie zu Beginn der Krise.

Dafür hatte die Zentralbank nun für knapp 200 Milliarden Euro Staatspapiere europäischer Schuldenländer im Depot. Noch war die Summe zu klein, um ernste Gefahren für den Geldwert im Euro-Raum heraufzubeschwören. Doch Experten warnten: Würden die Käufe unbegrenzt fortgesetzt und im Gegenzug weitere 500 oder 600 Milliarden Euro Liquidität geschaffen, ließe sich das Geld irgendwann nicht mehr bei den Banken einsammeln. Die Mittel würden in den Geldkreislauf gelangen, eine Inflation wäre unvermeidlich.

Noch gefährlicher war der Erwerb riskanter Staatspapiere für die Zentralbank selbst. Würde er dauerhaft fortgesetzt, würde die Währungsbehörde gegen ihre eigenen Statuten verstoßen, mit den entsprechenden Folgen für ihre Glaubwürdigkeit. Das wichtigste Kapital jeder Währungsbehörde, das Vertrauen der Bürger, drohte verloren zu gehen.

So besehen war Weidmanns Widerstand gegen die Forderungen von der anderen Seite des Atlantiks nicht nur ein Kampf um den richtigen Weg zur Euro-Rettung, es war auch ein Aufbegehren gegen die fehlgeleitete US-Währungspolitik der jüngsten Vergangenheit. Billiges Geld hatte die Welt in die Krise gestürzt, nun sollte noch mehr billiges Geld die Rettung bringen?

Die Frage musste schon deshalb mit Nein beantwortet werden, weil sich die Verheerungen der Leichtzins-Politik nirgends deutlicher zeigten als in den Vereinigten Staaten selbst. Einst galten die USA als der finanziell solideste Staat der Welt. Nun hatte das »amerikanische Virus«, wie es der Frankfurter Wirtschaftsjournalist Rainer Hank nannte, das ganze Land infiziert, von seinem ökonomischen Kern bis in die Verästelungen von Gesellschaft und Politik.

Der Erreger hatte jedoch nicht nur die Wirtschaft krank gemacht, er hatte auch die sozialen Verhältnisse angesteckt. Früher hing in Amerika der gesellschaftliche Aufstieg wie in kaum einem anderen Land ausschließlich von der eigenen Leistung ab. Wer sich anstrengte, konnte es von ganz unten nach ganz oben schaffen. Nach 25 Jahren Turboökonomie jedoch waren Spitzenverdienste und Top-Positionen vor allem daran gekoppelt, ob man es schaffte, im Geldsektor Karriere zu machen. Auch der Staat war damit nicht mehr der unabhängige Schiedsrichter in Wirtschaft und Gesellschaft, er war selbst zur Partei geworden. Die Mächtigen der Finanzindustrie manipulierten Aufsichtsbehörden und Ministerien, im Gegenzug förderte die Politik die Bankwirtschaft als Zukunftsindustrie und rettete sie mit dem Geld der Währungsbehörde, als ihr der Bankrott drohte.

Wer dem Kreditsektor nicht angehörte, musste sich dagegen benachteiligt und ausgegrenzt fühlen. Die politische Mitte erodierte, und weil die radikalen Flügel bei Demokraten und Republikanern Zulauf erhielten, schrumpfte der Spielraum für politische Kompromisse.

Frust und Abstiegsängste bestimmten fortan das politische Klima, und erstmals seit Langem bildete sich in den USA wieder eine starke Protestbewegung. Zehntausende fanden den Weg in die Zeltstädte der Occupy-Bewegung, von wo aus sie zu ihren Demonstrationen gegen die Gier des Finanzkapitals und die Boni-Exzesse ihrer führenden Manager ausrückten.

Sie hatten die Sympathie breiter Bevölkerungskreise, doch das Ziel ihres Protests blieb weitgehend im Dunkeln. Einige wollten die Banken verstaatlichen, andere die Managergehälter begrenzen, wieder andere eine Steuer auf Finanzgeschäfte einführen. Die meisten wollten, dass der Staat stärker in die Wirtschaft eingreift. Eine kleinere Gruppe räumte ein, dass gerade staatliches Handeln die Krise hervorgerufen hatte. Aber nur ganz wenigen dämmerte, dass der wirksamste Beitrag zur Begrenzung der Bankenmacht möglicherweise in jenem Widerstand zu finden war, den eine altmodische Behörde namens Bundesbank gerade gegen die US-Regierung und ihre Helfer im Federal Reserve Board leistete.

Am Tag als die britische Polizei die Occupy-Aktivisten von der St.-Pauls-Kathedrale in London vertrieb, stand Bundesbankchef Weidmann im zwölften Stock der Frankfurter Währungszentrale. Er ließ den Blick über die Skyline der Bankenmetropole schweifen und dachte darüber nach, wie weit er es wohl treiben konnte mit seiner Rebellion gegen die geld- und wirtschaftspolitische Vorherrschaft der USA. Er hätte ein paar Verbündete gut gebrauchen können.

Es ging ja nicht nur darum, den Euro zu stabilisieren. Es ging auch darum, das Wissen anzuwenden, das die Menschheit in ihrer langen Geschichte über das Wesen von Geld, Kredit und öffentlichen Schulden angesammelt hatte.

Geld und Kredit

Die weisen Männer vom Amazonas

Zum Helden ist David Graeber eigentlich nicht geboren. Seine Wissenschaft ist die Anthropologie, ein eher beschauliches Fachgebiet der Sozialwissenschaften. Dort beschäftigt man sich klug mit der Geschichte und Kultur der Menschheit und verbringt möglichst viel Zeit mit dem Studium ursprünglicher Kulturen in exotischen Ländern. Zur Lösung der akuten Probleme der Gegenwart steuert die Anthropologie nur selten etwas bei.

Diesmal ist es anders. David Graeber wurde zum Helden einer Protestaufwallung. Der Endvierziger ist der geistige Vater der Occupy-Bewegung, die seit dem Spätsommer 2011 vor den Börsen der Welt gegen den Finanzkapitalismus, die Spaltung der Gesellschaft und die wachsende Ungleichheit demonstriert. Mit seinem Buch *Debt: The First 5000 Years* lieferte er die Bibel für diesen Widerstand. Das Werk über die Geschichte des Kredits, 500 Seiten stark, wurde in den USA zum Überraschungs-Bestseller des Jahres 2011.

Dass er dieses Buch schreiben konnte, verdankte Graeber zudem auch noch seinem spektakulären Rausschmiss an der Yale-Universität. 2005 war sein Vertrag als Professor der renommierten Hochschule nicht verlängert worden. Angeblich, weil sich Studenten wegen ständiger Verspätungen und Unzuverlässigkeit beschwert hatten. Doch er selbst und 45 000 Unterstützer im Internet nahmen an, dass er wegen seines Engagements gegen das Establishment, das der Yale-Universität in vielfacher Weise verbunden ist, gehen musste.

Wie auch immer: Yale spendierte ihm zum Abschied – und weil die Universität die Solidaritätsbewegung im Internet stoppen wollte – ein bezahltes Sabbatjahr. Graeber nutzte es, um sich mit einem Thema auseinanderzusetzen, das nicht nur in den USA immer mehr Menschen schwer bedrückt: mit dem Kredit. Der Kredit ist der Ursprung allen Übels, stellte er fest, und bekam für diese These eine enorme Resonanz. Seiner Kritik schlossen sich weltweit berühmte Köpfe an, und in Deutschland bejubelte Frank Schirrmacher, der bis dahin konservative Herausgeber der *Frankfurter Allgemeinen Zeitung*, das »herrliche und hilfreiche Buch« des Mannes, der sich selbst als Anarchist bezeichnet.

Graeber hat nicht nur ein Urthema der Menschheit aufgegriffen. Er hat es zu einem Zeitpunkt getan, zu dem in den USA und in anderen Ländern der Welt viele Menschen ihre Kreditlasten nicht mehr ablösen können. Ganze Staaten stöhnen unter demselben

Schicksal. Auch sie fühlen sich nicht mehr frei in ihren Entscheidungen, weil der Internationale Währungsfonds, die Europäische Union und die Gläubiger ihnen vorschreiben, was zu tun ist. Das sind Staaten, in denen die Schuldenlast das politische System gefährdet und die Bürger gegen die Zumutungen auf die Straße gehen. Die alten Gewissheiten über die Robustheit von Ländern, Demokratien und Gemeinschaften werden erschüttert, weil die Bewohner dieser Länder die Schuldenlast nicht mehr tragen können und es auch nicht mehr wollen.

Der Anarchist Graeber sieht das mit zuversichtlicher Gelassenheit. Revolutionen und Aufstände in der Geschichte hätten sehr oft etwas mit einer vorhergehenden Schuldenkrise zu tun gehabt, lehrt er. Insofern sei auch unsere Zeit nichts Besonderes. Aber diese Aufstände hätten am Ende auch die Gelegenheit geboten, zu einem besseren und gerechteren Entwurf für die Gesellschaft zu kommen. Die Zeit sei reif, den Kapitalismus durch eine Gesellschaft des Vertrauens abzulösen. Der Kredit muss weg, fordert Graeber, das Schenken und Beschenktwerden, die Vertrauensgesellschaft, sollen im Gegenzug wieder eine größere Bedeutung bekommen.

Das ist nicht nur für Graeber die Konsequenz aus der schlimmsten Wirtschaftskrise seit dem Krieg. Selbst glühendste Verfechter des Kapitalismus tun sich schwer, ein System zu verteidigen, in dem Banken und Bankmanager zunächst Rekordprofite einstreichen, um anschließend auf Kosten der Steuerzahler vorm Bankrott gerettet zu werden. Kein Wunder, dass viele Menschen nun grundsätzliche Fragen stellen: Ist der Kapitalismus überhaupt zu retten? Braucht die Welt eine andere, humanere Wirtschaftsordnung? Und vor allem: Ist der Kredit an allem schuld?

In der Tat ist der Kredit kein Geschäft wie jedes andere. Denn beim Kredit wird nicht Ware gegen Ware oder Ware gegen Geld, sondern Geld gegen mehr Geld getauscht. Das macht den Vertrag zwischen den Partnern so schwierig: Zwischen Vertragsabschluss und -ende liegt eine Zeitspanne, die oft viele Jahre umfasst und in der sich alles Mögliche ereignen kann. Es kann Kriege geben und politische Umstürze, Wirtschaftskrisen oder persönliche Katastrophen. Zudem entscheiden über den tatsächlichen Wert des mit dem geborgten Geld Erreichten nicht die beiden Geschäftspartner, sondern der Markt. Und schließlich: Es wird mehr Geld zurückverlangt, als ursprünglich gegeben wurde. Das ist der Zins. Mit dem Kredit werden Erwartungen gehandelt, er ist eine Spekulation auf eine bessere Zukunft.

Ohne Kredit und Zins gäbe es keine richtige Marktwirtschaft, kein richtiges Wirtschaftswachstum. Der Kredit ist wie eine Zeitreise. Normalerweise ist es so, dass die Menschen am Anfang ihres Berufslebens Geld brauchen, aber wenig davon haben. Sie wollen eine Firma eröffnen, ein Auto oder ein Haus kaufen, eine Familie gründen. Später, wenn sie im Job etabliert sind und das nötige Geld verdienen, brauchen sie weniger davon. Dann sparen sie es eher, genauer: Sie verleihen es. Sparen ist die andere Seite des Kredits. Nur das, was auf der einen Seite gespart wurde, kann an die andere verliehen werden. Normalerweise jedenfalls.

Der Zins sorgt dafür, dass das Geld auf die Reise geschickt wird: von denen, die etwas übrig haben, zu jenen, die große Pläne haben. Er ist das Transportmittel, die Zeitmaschine, die den Darlehensgeber dazu bewegt, das Geld lockerzumachen. Den Schuldner treibt er an, aus dem Geld etwas zu machen, mehr zu erwirtschaften, als es der Eigentümer könnte.

Wenn alles gut geht, kann der Schuldner mit dem geliehenen Geld einen Gewinn verbuchen, den Kredit ablösen und eine ordentliche Summe übrig behalten. Das ist die gute Seite: Wenn das Geld zurückgezahlt ist, haben beide Partner gewonnen. Der Schuldner steht mit seinem erfolgreichen Unternehmen wahrscheinlich sogar besser da als der Gläubiger, der nur den Zins erhält.

Das kapitalistische Spiel mit der Zeit war die wahrscheinlich wichtigste Triebfeder für den wirtschaftlichen Aufstieg der westlichen Industrienationen seit dem Mittelalter. Ohne Kredite wären die Entdeckung und Inbesitznahme der Neuen Welt nicht möglich gewesen. Ohne Papiergeld, Wechsel, vorbezahlte Ladungen hätte es keinen Tee-, Kaffee- oder Gewürzhandel gegeben. Die Industrialisierung des 19. Jahrhunderts wäre genauso wenig möglich gewesen wie der Aufschwung der asiatischen oder lateinamerikanischen

Schwellenländer im ausgehenden 20. Jahrhundert. Ohne Kredite wären Millionen von Menschen niemals Hauseigentümer geworden.

Natürlich kann man der Auffassung sein, auf all das hätte die Menschheit gut verzichten können. Doch in der frühen Neuzeit, in der Zeit der Industrialisierung oder in den sich entwickelnden Ländern waren die Vorteile jener Wachstumspeitsche, die auf dem Tausch von Geld gegen mehr Geld gegründet ist, so überwältigend, dass man sich dieser Frage nicht stellte.

Gesellschaften dagegen, die aus ihrem Glauben und ihrer Kultur heraus ihrer Wirtschaft ein Zinsverbot erteilten, hatten oft kein Wirtschaftswachstum. Deshalb hat man das Zinsverbot dauerhaft meist nur innerhalb der eigenen Familie, des eigenen Stamms oder der eigenen Glaubensgemeinschaft praktiziert. Gegenüber Fremden und Geschäftspartnern jedoch durfte man Zinsen fordern.

Es ist nicht erstaunlich, dass die neue kritische Würdigung des Kredit- und Zinswesens in den hoch entwickelten Ländern des Westens mit einer zunehmend skeptischen Einstellung zum Wirtschaftswachstum zusammenfällt. Wer Wirtschaftswachstum für verzichtbar hält, benötigt auch weniger Kredit. Wer dagegen ordentliche Wachstumsraten und eine dynamische Entwicklung des Wohlstands will, braucht den Kredit. Damit nimmt er die Krisen in Kauf, die uns heute wieder beschäftigen: Spekulationskrisen, die sich aufbauen und hochschaukeln mit geliehenem Geld.

Der Kredit ist jedoch nicht nur ein Wachstumsbeschleuniger, er ist auch eine Umverteilungsmaschine. Er ermöglicht es weniger gut gestellten Menschen, Klassen- und Standesschranken zu überwinden und erfindungsreiche Unternehmer, erfolgreiche Investoren oder auch nur freie Menschen zu werden. Diese Geschichte erzählen am eindrucksvollsten die Mikrokredite des Friedensnobelpreisträgers Muhammad Yunus an ehemalige Lohnsklaven in asiatischen Ländern. Yunus' Grameen Bank vergibt Kleinstkredite an Arme, damit die sich eine selbstständige Existenz zum Beispiel als Straßenhändler oder als kleine Bauern aufbauen können. Sicherheiten haben die Armen nicht anzubieten, dennoch funktioniert das System: weil viele Arme genau wissen, was sie können und wie es geht. Es fehlte nur jemand, der ihnen Vertrauen schenkte und Geld lieh.

Das ist die großartige Seite des Kredits. Er belohnt Vertrauen und Tüchtigkeit und trägt wie kaum eine andere kapitalistische Erfindung dazu bei, die Gesellschaft gerechter und dynamischer zu machen. Er verteilt das Geld von den Reichen zu den Findigen. Der kluge Arme wird durch Darlehen in die Lage versetzt, sein Glück zu machen. Der Reiche, der sein Geld verleiht, muss mit der Rendite vorliebnehmen, die meist schmaler ist als der Gewinn.

Manchmal aber gehen die Erwartungen nicht auf. Die junge Firma geht pleite, das neu gebaute Haus stürzt ein, den Darlehensnehmer ereilt eine schwere Krankheit. Nun zeigt sich die dunkle Seite des Kredits, die der Haftung. Obwohl das geliehene Geld keinen Ertrag gebracht hat, muss der Schuldner das Darlehen bedienen. Kann er es nicht, drohen ihm der Verlust des Vermögens und nicht selten die Abhängigkeit vom Gläubiger, oft ohne die Aussicht, sich jemals wieder aus Unfreiheit und Armut befreien zu können.

Dazu kommt, dass Schulden nicht nur eine materielle, sondern auch eine moralische Komponente haben, wie aus der vielleicht wichtigsten anthropologischen Erkenntnis des 20. Jahrhunderts hervorgeht. Claude Lévi-Strauss hatte in den Fünfzigerjahren die komplizierten Verwandtschafts- und Sippenbeziehungen in Indianerkulturen des Amazonas beschrieben, die mit einer strengen Heiratspolitik und mit Geschenken gefestigt werden.

Daraus leitete er die These ab, dass es sich bei dem vermeintlichen Tauschhandel, der in geldlosen Gesellschaften gepflegt wird, nicht um eine Vorstufe zum Geld- und Kreditgeschäft handelt, wie das bis dahin angenommen wurde. Im Gegenteil: Es werden Geschenke gemacht. Die beschenkte Seite fühlt sich dem Schenker verpflichtet und versucht, nach angemessener Frist ein Gegengeschenk zu machen, das wiederum eine neue Verpflichtung begründet. Es wird also nicht gehandelt, sondern es werden Verpflichtungen etabliert, um stabile Beziehungen zueinander pflegen zu können, Vertrauen zu schaffen und sich die Kooperationsbereitschaft der anderen Seite zu sichern. Diese Rituale der gegenseitigen Verpflichtung seien ein universales Prinzip, meint Kapitalismuskritiker Graeber.

Übrig geblieben ist davon in modernen Gesellschaften die moralische Aufladung des Schuldgeschäfts. Platzt ein Kredit, so wird damit nicht nur eine Geschäftsbeziehung gestört, sondern jenes Menschheitsprinzip von Leistung und Gegenleistung, auf dem in aller Welt das soziale Zusammenleben gegründet ist. Wer den Bankrott erklärt, entledigt sich zwar seiner finanziellen Schulden, moralisch wird er aber umso schuldiger.

Das erklärt auch die Empörung, die viele Menschen erfasste, als große Investmentbanken auf dem Höhepunkt der Finanzkrise ungeniert Hilfe vom Steuerzahler forderten. Es war ein Verhalten, das nicht nur gegen die guten Sitten des Geschäftslebens, sondern auch gegen uralte Regeln des menschlichen Zusammenlebens verstieß.

Dass große Geldhäuser oder Staaten wie Griechenland für sich das Recht in Anspruch nahmen, ihre Verpflichtungen mit einem Federstrich auslöschen zu können, nährte vor allem deshalb die Wut der Normalbürger, weil sie sich anders verhalten müssen. Sie sind auch moralisch gezwungen, den Kredit zu bedienen und sich den Bedingungen des Gläubigers im Zweifel unterwerfen zu müssen. Selbst dann, wenn es sie die eigene Freiheit und die Freiheit ihrer Angehörigen kostet.

Das hat Familien in Bedrängnis gebracht, die doch nur ein eigenes Haus wollten. Oder Studenten, die ihr

Studium mit einem Kredit finanziert haben, weil sie dachten, schnell eine gut bezahlte Stelle zu finden. Oder Verbraucher, die eigentlich nur die Zeit bis zum nächsten Monatsgehalt mit einem Payday-Credit überbrücken wollten.

Das ist die bitterste Konsequenz der jüngsten Finanzkrise. Sie hat Millionen von Menschen nicht nur zu Schuldnern, sondern zu Schuldigen gemacht, in den USA genauso wie in Spanien, Griechenland, Irland oder Portugal.

Dabei wurde die Krise nicht nur von denen verursacht, die den Kredit genommen haben, sondern auch von denen, die ihn gaben. Den großen Finanzkrisen der Geschichte ging in aller Regel eine spektakuläre Ausweitung des Kreditgeschäfts voraus. Überall in den westlichen Ländern, in denen in den vergangenen Jahren Kreditblasen auf den Immobilienmärkten gezüchtet wurden, haben Politik und Banken einen Großteil jener Regeln und Regularien missachtet, die in der Menschheitsgeschichte entwickelt worden sind, um Kreditgeschäfte abzusichern und den Kredit zu zivilisieren.

Nun sympathisieren alle mit den Occupy-Leuten, die einen allgemeinen Schuldenerlass fordern. Doch das ist, wie die Geschichte zeigt, bestenfalls die zweitbeste Lösung, um mit dem Problem fertig zu werden.

Denn wenn jemand anfängt, damit zu rechnen, dass er im schlimmsten Fall für seine Schulden nicht mehr haften muss, geht er höhere Risiken ein. Auch das stimmt für Privatpersonen, für Unternehmen und für ganze Staaten.

Dennoch haben viele Kulturen und Gesellschaften seit jeher versucht, den Schuldnern durch die Möglichkeit eines Gnadenaktes zu helfen. Gläubiger sollten davon abgehalten werden, rücksichtslos auf Leib und Leben des Schuldners und seiner Familie zugreifen zu dürfen. Das spielt auch in allen Weltreligionen eine wichtige Rolle. Sie stellen Schuldnern die Befreiung von der Kreditbürde in Aussicht und erkennen so an, dass Menschen durch den Kredit in verzweifelte Situationen geraten können. Im wichtigsten Gebet der Christenheit, im Vaterunser, heißt es schließlich: »Vergib uns unsere Schuld, wie auch wir vergeben unseren Schuldigern.«

Das Judentum hatte das Jubel- und das Sabbatjahr, in denen die Schuldner sich ihrer Gläubiger entledigten. Das Sabbatjahr fand alle sieben Jahre statt und brachte einen kleinen Schuldenerlass. Das Jubeljahr wurde alle 50 Jahre fällig und bescherte den Schuldnern die völlige Freistellung aller bis dahin nicht beglichenen Schulden. »Eine schöne Idee, leider hat sie in der Geschichte nie funktioniert«, seufzt die Frankfurter Rabbinerin Elisa Klapheck heute. Denn die Schuldner fingen schon ganz früh an, ihre Wetten auf das Sabbatjahr zu machen und die Rückzahlung so zu terminieren, dass nach Möglichkeit ein Sabbatjahr zwischen Kreditabschluss und Rückzahlung lag. Die Folge war natürlich, dass sich die Gläubiger verweigerten, niemand gab mehr

Kredit. Das Sabbatjahr verschwand, das Problem aber blieb.

Wenn man den Schuldenerlass kalkulieren kann, verliert er auf lange Sicht seinen Sinn. Das wird auch in modernen Formen des Schuldenschnitts deutlich: Wenn in den USA ein Unternehmen Probleme mit seinen Gläubigern hat, ist es ihm möglich, das sogenannte Chapter Eleven der amerikanischen Insolvenzordnung in Anspruch zu nehmen. Hier kann es seine Geschäfte fortführen, genießt aber Schutz vor dem Zugriff der Gläubiger. Das ist positiv für die betroffenen Eigentümer, Arbeitnehmer und Manager, kann aber auch missbraucht werden. Manche US-amerikanische Fluggesellschaft zum Beispiel flüchtet sich in umsatzschwachen Zeiten unter das Chapter Eleven, um nur noch dann daraus hervorzukommen, wenn die Konjunktur gut läuft und neue Flugzeuge bestellt werden müssen.

Für die Kreditnehmer stellt der Schuldenschnitt eine Versuchung dar. Wenn sie nur zum Teil oder gar nicht haften müssen, wird ein wichtiges Prinzip der Marktwirtschaft außer Kraft gesetzt: dass man die volle Verantwortung für das eigene Handeln übernehmen muss. Das gilt erst recht, wenn nicht mehr die Eigentümer, sondern angestellte Manager das Geschäft machen. Je riskanter die Geschäfte sind, die sie mit geliehenem Geld machen, desto mehr verdienen sie, wenn es gut geht. Scheitert das Geschäft, sind die Verluste für den Angestellten meist überschaubar. Es ist ja nicht sein Eigentum, das in den Bankrott geht. Unter solchen Bedingungen wird der Kredit zur Teufelsmaschine, der Schuldner ist nicht Opfer, er ist Täter. Genau diese Bedingungen herrschten in den Investmentbanken, Geschäftsbanken und Hedgefonds bis zum Jahr 2007 und darüber hinaus.

In normalen wirtschaftlichen Zeiten verhindern Regeln, dass es so weit kommt. Schuldner müssen nachweisen, dass sie wahrscheinlich in der Lage sein werden, das geliehene Geld zurückzugeben. Früher taten sie das, indem sie ein Pfand hinterlegten oder einen Bürgen benannten, der für den Kredit eintreten konnte. Heute werden beim Hauskauf Grundschulden eingetragen, und im modernen Geschäftsleben treten sich die Partner, um sich vor Verlusten zu schützen, gegenseitig Forderungen ab, die sie gegenüber Dritten haben.

Daraus leitet sich eine einfache Formel ab: Je besser die Sicherheit, desto niedriger der Zins. Seine Höhe entspricht auf der einen Seite den wirtschaftlichen Erwartungen von Schuldnern und Gläubigern, auf der anderen Seite spiegelt er die Wahrscheinlichkeit wider, dass der Darlehensbetrag zurückgezahlt wird. Wie unsicher Kreditgeschäfte in vorindustrieller Zeit waren, zeigt die Höhe des Zinses, der in der frühen Neuzeit bei 20 bis 90 Prozent lag.

Entsprechend bescheiden entwickelte sich während langer Phasen der Wirtschaftsgeschichte das Darlehensvolumen. Nur in Umbruchzeiten, bei großen Feldzügen, spektakulären Entdeckungen oder technologischen Revolutionen, waren Aufschwünge zu verzeichnen. Das Kreditvolumen wuchs, gleichzeitig aber wurden die alten Gepflogenheiten über das, was eine Sicherheit war, erschüttert. Das war schon bei den großen Finanzkrisen der Neuzeit so. Die holländische Tulpenkrise des 17. Jahrhunderts zum Beispiel gilt bis heute als Musterfall dafür, wie in Spekulationsblasen die Gier jedes Gefühl für Sicherheit überwindet. Am Ende des Hypes wurden in Amsterdam Optionen auf Teile von Tulpenzwiebeln allein gegen das Versprechen gehandelt, irgendwann zu bezahlen. Erst als der Markt zusammenbrach, bemerkten die entsetzten Gläubiger, dass ein Großteil ihrer Kredite nicht besichert war.

In der Finanzkrise der vergangenen Jahre war Ähnliches zu beobachten. Diesmal waren es die Innovationen in der Finanzwelt selbst, die den Leichtsinn trieben. Die Globalisierung und die Entwicklung der Informationstechnik nährten die Illusion, dass der Kredit von nun an in nahezu unbegrenzter Höhe zu niedrigen Zinsen zur Verfügung stehen würde.

Entsprechend vernachlässigten die Kreditgeber das Thema Sicherheit. Am deutlichsten wird das bei der Keimzelle des Desasters, im amerikanischen Häusermarkt. Wer hier seit dem Jahr 2000 ein neues Haus kaufen wollte, brauchte keine Sicherheiten mehr. Er musste auch kein eigenes Geld gespart haben. Das Haus selbst galt als Gewähr dafür, dass die Sache auch dann gut ausgehen würde, wenn der Schuldner nicht zahlen konnte. Die ständig steigenden Hauspreise wurden als Beweis dafür ins Feld geführt. Warum die

Hauspreise aber auf einmal so steil anstiegen, wollte niemand so genau wissen. Der Boom des Kreditgewerbes schuf die Immobilienblase. Und die vielen neuen Häuser dienten wieder als Beweis dafür, warum noch mehr davon gebaut werden könnten.

Solange die Käufer eigenes Geld mitbringen mussten, um eine Immobilie zu erwerben, war der Deal besser gesichert. Gläubiger und Schuldner hatten ein hohes Interesse, dass ihr Geschäft aufging. Als aber Schuldner akzeptiert wurden, die überhaupt kein Eigenkapital mehr aufbringen konnten, änderte sich die Lage grundlegend: Jetzt hatten die Schuldner nicht mehr so viel zu verlieren, wenn sie sich auf das Risiko eines Hauskaufs einließen.

Das wäre vielleicht nicht so schlimm gewesen, wenn nicht auf der anderen Seite dasselbe passiert wäre. Auch die Gläubiger brauchten nur noch wenig Eigenkapital, um Kredite ausgeben zu können. Eine weitere wichtige Regel wurde ignoriert: dass Geldverleiher genug Kapital haben müssen, um den Ausfall eines Schuldners zu verkraften.

Dieses Prinzip hatte sich in der jahrhundertealten Geschichte des Bankgeschäfts erst allmählich entwickelt. Solange der Gläubiger nur sein eigenes Geld verlieh und man sich untereinander kannte, waren Vertrauen und Sicherheit persönliche Angelegenheiten. In dem Augenblick aber, in dem Mittelsmänner Geld von vielen für große Handelsgeschäfte einsammelten, wurde die Vertrauensfrage zu einer kollektiven Angelegenheit. Da wurde es wichtiger, dass der

Geldsammler und -verleiher einen guten Leumund hatte. Man fragte nach den Reserven, auf die zurückgegriffen werden konnte, falls das Vorhaben scheiterte. Im Großen und Ganzen waren Erfahrung, Eigenkapital und Vorschriften zur ordnungsgemäßen Abwicklung des Bankgeschäfts bis in die jüngste Vergangenheit die Instrumente der Gläubigerkontrolle. Jedenfalls theoretisch.

Praktisch wurde das Eigenkapital zur kritischen Größe bei Kreditinstituten. Das sogenannte Leveraging bildete das Geschäftsmodell der Banken und das geheime Erfolgsgesetz der modernen Finanzindustrie: aus möglichst wenig Eigenkapital möglichst viel Kredit zu schöpfen. Große Banken sollen demnächst 9,5 Prozent ihres Kreditgeschäfts als Eigenkapital halten, so sehen es die internationalen Regeln vor. Vor der Finanzkrise waren es oft nur zwei Prozent. Damit konnten sie ihren Überschuss nahezu verfünffachen.

Das ist der große Unterschied zwischen privatem und professionellem Geldverleih. Wer ein Darlehen an einen Freund vergibt, achtet schon aus Eigeninteresse darauf, dass er sich nicht übernimmt. Er wird nur so viel Geld ausreichen, dass er auch dann noch abgesichert ist, wenn sein Schuldner nicht mehr zahlen kann.

Professionelle Geldverleiher versuchen, so viel Kredit wie möglich auszugeben, um mit den Zinsen das Geschäft zu finanzieren und ihre Eigentümer zufrieden zu stellen. Kapital, das in der Bank liegen bleibt, mag zwar die Stabilität des Bankhauses sichern. Es ist aber unproduktiv.

Im letzten Drittel des vorigen Jahrhunderts haben die Banken und Investmenthäuser deshalb in großem Stil begonnen, ihre Forderungen an Schuldner zu verbriefen. Sie haben aus ihren Forderungen Wertpapiere gemacht. So haben sie beispielsweise aus dem schwerfälligen und lang laufenden Immobilienkredit, der ihre Bilanz auf Jahre hinaus belastet hätte, ein handelbares Gut gemacht. Sie haben den Kredit weiterverkauft und hatten ihr Eigenkapital wieder für neue Kredite verfügbar.

Nun wurde der Leverage-Effekt endgültig zu einer Art Turbolader für Eigenkapital. Wenn nämlich eine Geldsammelstelle das eingesammelte Geld wieder und wieder verleiht, kann sie ihr Geschäftsvolumen noch einmal ausweiten. Wie ein Turbo vermehrt der Kredit auf den Kredit die Leistung, und die Gläubiger konnten die eingesetzte Energie reduzieren. Das Ergebnis war beeindruckend. Während ein Turbolader bei einem Auto rund ein Viertel mehr Leistung erzeugt, schafften die Investmentbanken auf dem Höhepunkt des Booms im Jahr 2006 das 22- bis 23-Fache davon.

Kein Wunder, dass der Kreditmarkt explodierte. 1975 noch hatten Finanzgeschäfte in den USA ein Volumen von 150 Prozent des Bruttoinlandsprodukts, in Großbritannien waren es 34 Prozent. Das änderte sich in den Folgejahren gewaltig. 2008 wurden in den USA Finanzgeschäfte gemacht, die 350 Prozent des

Bruttoinlandsprodukts betrugen. In Großbritannien war das Finanzgeschäft inzwischen auf 500 Prozent der gesamten Wirtschaftsleistung des Landes angeschwollen.

Der Finanzsektor hatte sich vom Wachstum der realen Wirtschaft entkoppelt. Zahlen, die jeden Laien verblüfften, nahm die Finanzwelt mit aller Gelassenheit und einer gewissen Portion Stolz zur Kenntnis. Denn die Daten zeigten nach ihrer Ansicht doch nichts anderes als die enorm gewachsene Leistungsfähigkeit des Finanzsektors.

In Wahrheit zeigten sie vor allem, wie schnell den staatlichen Bankenaufsehern das Kreditgeschäft entglitten war, als sie sich einmal entschlossen hatten, Regulierung und Kontrolle nicht mehr so wichtig zu nehmen. So konnte die Kreditsumme ungehindert ins Unermessliche anschwellen.

Das Leben auf Kredit war ein Kinderspiel. Auch deshalb verlor der Kredit alles, was ihn vorher ausgemacht hatte. In der Finanzwelt lebte er nur noch vom Vertrauen. Das war ein dünner Boden.

Der Kredithebel war der Treibsatz des Booms in den ersten Jahren dieses Jahrtausends, und er war auch der Explosivstoff beim Zusammenbruch. Der Kredit und seine Regulierung spielen die maßgebliche Rolle für die Stärke und Breite eines Aufschwungs und für die Tiefe und Dauer einer Rezession. Auch deshalb hat eine faire Bewertung des Kredits für die Zukunft der Weltwirtschaft eine überragende Bedeutung.

Der Volkswirt Tomáš Sedláček ist ein temperamentvoller und unkonventioneller Redner. Seine Bücher werden gelegentlich sogar zu Theaterstücken verarbeitet, in denen er selbst mitspielt. An amerikanischen Elite-Universitäten ist der frühere Berater des verstorbenen Präsidenten Václav Havel und heutige Chefvolkswirt der größten tschechischen Bank ein genauso gern gesehener Gast wie auf dem Weltwirtschaftsforum in Davos oder bei den Kredit-Kritikern der Occupy-Bewegung. Der Mann ist klug, eloquent und hat Unterhaltungswert. Sein Thema ist die Psychologie des Kredits, seine Verführungskraft, die nicht zuletzt im tief verwurzelten Wunsch des Menschen liegt, der Zeit ein Schnippchen schlagen zu wollen.

Sedláček pflegt das vor den in der Regel sehr gepflegten älteren Förderern amerikanischer Elite-Universitäten drastisch zu erklären. »Mit dem Kredit ist es wie mit dem Alkohol am Freitag nach der Arbeit. Wenn ich sehr viel trinke, habe ich einen großartigen Abend. Ich bin witzig, schlagfertig und komme mit Frauen ins Gespräch, die sonst kein Wort mit mir wechseln würden«, schwärmt er. Die älteren Herrschaften seiner Lectures sitzen bei Wasser und Tee und sind ein bisschen schockiert.

»Natürlich bleibt ein solcher Abend nicht ohne Folgen. Am nächsten Morgen ist man schlapp, muss lange schlafen und braucht eine Weile, bis man wieder auf dem Damm ist. Der Alkohol hilft mir, die gesamte Energie des Wochenendes schon am Freitagabend zu konsumieren.« Es ist also nur dann sinnvoll, den Vorschuss zu nehmen und am Abend über die Stränge zu schlagen, wenn man weiß, dass man am nächsten Tag ausschlafen kann, die Zeit also nicht braucht. Dieses Prinzip, sagt Sedláček, gelte »nicht nur für Privatpersonen und Unternehmen, es gilt auch für Staaten«.

In der ersten Phase der Finanzkrise waren es nur die Banken, die sich untereinander nicht mehr trauten. Sie gaben sich untereinander kein Geld mehr und kappten die Kreditlinien für die Realwirtschaft. In der zweiten Phase betraf das Misstrauen ganze Staaten. Denn auch die Staaten hatten kräftig vom großen Kreditangebot profitiert, sie feierten den Freitagabend. Sie hatten noch einen zusätzlichen Trick gefunden, um den großen Investoren Staatsanleihen besonders schmackhaft zu machen: Für die Staatsschulden der großen westlichen Länder mussten Finanziers kein Eigenkapital zurücklegen.

Als nach dem Ausbruch der Finanzkrise die Länder in großem Stil begannen, die Konjunktur zu stützen, die Banken zu retten und den Geldkreislauf zu sichern, verschuldeten sie sich in bis dahin nicht gekannten Dimensionen. Wenn sich Staaten verschulden, gelten aber andere Regeln als beim Kredit in der privaten Wirtschaft – nämlich nahezu keine. Weder gibt es die moralische Keule »Seine Schuld muss man zurückzahlen«. Noch müssen Staaten Sicherheiten anbieten, um Kredit zu bekommen. Beim Staatskredit regelt nur der Zins die Möglichkeit, Schulden machen zu können.

Dabei sind Staatsschulden in ihren Wirkungen noch dubioser als die überbordende Verschuldung von Privatpersonen oder Unternehmen. Bei Staaten funktioniert die Zeitreise des Geldes nämlich bestenfalls dann, wenn mit dem Kredit Güter erstellt werden, die nicht nur in der Gegenwart, sondern auch in der Zukunft Nutzen bringen. Eine Straße zum Beispiel erfüllt auch in zehn Jahren noch ihren Zweck. Deshalb gilt es als sinnvoll, ihre Kosten mit Hilfe von Zins und Tilgung auch künftigen Nutzern anzulasten.

Staatsschulden dienen jedoch nur zum Teil solchen Zukunftsaufgaben. Mindestens ebenso gern werden sie benutzt, um Renten, Beamtengehälter oder Zinsen zu bezahlen. Das folgt einer einfachen Logik: Politiker müssen die jeweils aktive Wählergeneration zufriedenstellen. Deshalb verbrauchen sie gerne das Geld künftiger Generationen von Politikern und Wählern. Dazu kommt, dass Regierungen – zum Beispiel dann, wenn sie in einen Krieg ziehen – immer übergeordnete Ziele nennen können, für die es sich lohnt, Schulden aufzunehmen: den Frieden in der Welt zu wahren, den Menschenrechten in einem Land wieder zur Geltung zu verhelfen, den Zugang zu Öl oder anderen Ressourcen sicherzustellen.

Deshalb waren Staatsbankrotte in der Geschichte häufiger, als man es heute in Erinnerung hat. Frankreich erklärte sich zwischen 1550 und 1800 gleich acht Mal für zahlungsunfähig. Die absolutistischen Könige hatten zudem die unschöne Angewohnheit, ihre Gläubiger einfach hinrichten zu lassen, wenn sie mit der Rückzahlung in Verzug gerieten. Spanien brachte es in den nur 100 Jahren von 1550 bis 1650 auf sechs Bankrotte, allein im 19. Jahrhundert schickte das Land seine Gläubiger sieben Mal mit leeren Taschen nach Hause. Ein Viertel der spanischen Geschichte seit 1800, so rechnen die früheren IWF-Ökonomen Carmen Reinhart und Kenneth Rogoff vor, fand unter den Bedingungen einer Staatspleite statt. Im Euro-Land Griechenland könnte man nicht einmal entscheiden, was von 1800 bis heute der Normalfall war, Zahlungsfähigkeit oder Zahlungsunfähigkeit. In den vergangenen 200 Jahren war das Land die Hälfte der Zeit pleite.

Notorische Bankrotteure bekommen als Privatpersonen nirgends mehr Kredit. Das gilt heute auch für Staaten. Können sie ihre Schulden nicht mehr bedienen, müssen sie meist jahrelang ohne fremdes Geld auskommen. Ihre Bürger verarmen, die Wirtschaft schrumpft, die Reallöhne sinken, Vermögen werden entwertet. Die Verhandlungen mit den Gläubigern über einen Schuldenschnitt sind meist kompliziert und mühsam.

Ein Staatsbankrott ist teuer und raubt der Bevölkerung eines Landes auf Jahre hin ihre Chancen, Wohlstand zu erarbeiten und erfolgreich voranzukommen. Zudem bleiben Pleitenationen oft jahrelang vom Kapitalmarkt abgeschnitten. Schon deshalb lohnt es sich, die Staatsverschuldung als gefährlichste Versuchung des Kredits zu betrachten und Ländern und Währungsunionen nach Möglichkeit aufzuerlegen, ohne Staatsschulden auszukommen.

»Am Anfang war der Kredit eine Sache der Moral. Wir haben daraus den Eckstein unserer Gesellschaft gemacht«, sagt der tschechische Ökonom Sedláček. Zu dumm, dass immer wieder in der Geschichte vergessen wurde, dass der Eckstein eine besondere Bedeutung in einem Bauwerk hat und nach besonderen Regeln der Statik und Stabilität ausgesucht wird. Er trägt die gesamte Last der Mauer. Deshalb darf er kein Leichtgewicht sein.

Alarm im Wasserwerk

Geld ist wie Wasser, das verrät schon die Alltagssprache. Wenn jemand über reichlich Bares verfügt, sagen wir, er »schwimmt in Geld«. Haben die Notenbanken neue Zahlungsmittel in Umlauf gebracht, heißt es, sie hätten »die Märkte geflutet«. Gibt es eine Inflation, sprechen wir von »Geldschwemme«. Es passt ins Bild, dass wir das, was wir im Portemonnaie oder auf dem Konto haben, als Liquidität bezeichnen, ein Wort, das vom lateinischen »liquidus« kommt: »flüssig«.

Tatsächlich haben Geld und Wasser ähnliche Eigenschaften. Beides wird nicht produziert, sondern in Umlauf gebracht. Beides ist in unserem Leben allgegenwärtig. Beides geht beim Gebrauch nicht verloren, sondern wird wieder und wieder verwendet.

Geld und Wasser sind konkrete Begriffe, unter denen sich jeder etwas vorstellen kann. Die moderne Finanzwirtschaft dagegen hat sich nicht nur von der Realökonomie abgekoppelt, sondern auch vom Alltagsverständnis. Notenbanker setzen voraus, dass ihre Zuhörer mit Begriffen wie »Einlagefazilität« oder »Zinstender« etwas anzufangen wissen. Und wer nach den Produkten der modernen Finanzwirtschaft fragt, bekommt eine Buchstabensuppe serviert, die selbst dann schwer verdaulich bleibt, wenn man gelernt hat, CDO (Collateralized Debt Obligation) von CDS (Credit Default Swap) zu unterscheiden. Es bedurfte eines Jahrhundertereignisses wie der Finanzkrise, um der Öffentlichkeit vor Augen zu führen, dass viele der hoch bezahlten Akteure des Gewerbes selbst nicht so richtig wussten, über was sie da eigentlich redeten.

Der Crash offenbarte noch ein weiteres Missverständnis. Beim Versuch, die Wirtschaft zu stimulieren, hatten die Politiker die Kontrolle über das Geld verloren. Immer weiter hatten sie den Zins gesenkt, immer größer wurden die Finanzströme, die um den Globus liefen. Ende der Neunzigerjahre betrug die US-Kreditmenge noch gut 15 Billionen Dollar. Zehn Jahre später war sie mehr als doppelt so hoch.

Das Zerstörungspotenzial, das in dieser Entwicklung schlummerte, wurde jedoch kaum erkannt. Bis weit in die zweite Hälfte des vergangenen Jahrzehnts glaubten viele Politiker, Banker und Ökonomen, die Zeiten ökonomischer Krisen und scharfer Konjunktureinbrüche hinter sich gelassen zu haben. Der Westen hatte fast zwei Jahrzehnte lang stetiges Wachstum und niedrige Inflationsraten erlebt, und kaum jemand rechnete damit, dass sich das alsbald ändern würde. Von der »Großen Moderation« sprachen die Wirtschaftswissenschaftler.

Wie die Experten die Gefahr derart unterschätzen konnten, ist bis heute eines der großen ungelösten Rätsel der Finanzkrise. Was war der Grund für die Sorglosigkeit der Ökonomen? Wie konnte es sein, dass die Notenbanken nichts gegen die sich auftürmenden Risiken in ihren Geldkreisläufen unternahmen? Warum heizten die Politiker die Entwicklung an, indem sie die Finanzmärkte immer weiter entfesselten?

Wer diese Fragen beantworten will, kommt nicht darum herum, sich mit dem schwierigen Feld des Geldwesens näher zu befassen. Er muss die ökonomischen Theorien studieren, die den Währungshütern als Leitfaden für ihre Entscheidungen dienen. Und er muss sich einen Überblick verschaffen über jene verwickelten Prozesse, in denen das Geld von Währungsbehörden und Banken geschaffen und an die übrige Wirtschaft verteilt wird.

Es handelt sich um einen komplizierten Vorgang, den wir dadurch transparenter machen wollen, dass wir uns des Mittels des Vergleichs bedienen. So wie die Ökonomen wirtschaftliche Zusammenhänge in mathematische Modelle kleiden, um neue Erkenntnisse zu gewinnen, wenden wir das Verfahren der Analogie an, um mehr Anschaulichkeit zu erreichen.

In der Wirklichkeit fließt Geld, indem Scheine und Münzen den Besitzer wechseln oder Beträge von einem Konto aufs andere gebucht werden. Wir dagegen wollen den Doppelsinn des Wortes Liquidität nutzen – und uns das Geld als Wasser und das Finanzsystem als Wasserversorgung vorstellen. Das sieht so aus:

An dem einen Ende des Systems, an der Quelle, sind die Notenbanken zu Hause, die als zentrale Wasserwerke den Auftrag haben, die Liquidität in riesigen Talsperren bereitzustellen. Am anderen Ende befinden sich die Haushalte und Unternehmen, die das Geld für ihre täglichen Geschäfte benötigen. Es geht darum, die Liquidität zu ihnen zu bringen, weshalb die Endpunkte des Systems durch ein riesiges, verzweigtes Rohrleitungsnetz verbunden sind, an dessen Kreuzungspunkten sich mächtige Pumpstationen befinden. Das sind die privaten Geschäftsbanken, die das Geld zu den Endverbrauchern weiterspülen sollen, und zwar in möglichst optimaler Menge. Gibt das System nämlich zu viel Wasser ab, kommt es zu gefährlichen Überschwemmungen. Fließt zu wenig, droht der Wirtschaft eine Dürre.

Anders als in der realen Wasserversorgung gibt es im Netz des Geldwesens auch Verbindungen mit umgekehrter Fließrichtung. Auf diesem Wege lenken zum Beispiel die Privathaushalte Liquidität wieder zu den Banken, wo sie als Spareinlagen für spätere Zeiten aufgestaut werden, derzeit im Volumen von gut 600 Milliarden Euro allein in Deutschland.

Andere Rückleitungen führen zu großen Zisternen, die ebenfalls der Bevorratung dienen und Namen tragen wie »Investmentfonds«, »Lebensversicherung« oder »Pensionskasse«. Wieder andere münden in Speicherseen, die von Menschen umlagert werden, die ihnen aus Gründen der Spekulation entweder Liquidität entziehen oder zuführen wollen. Und so gibt es an den Ufern viel geschäftiges Treiben zu besichtigen, ein beständiges Feilschen und Tauschen unter bunten Wimpeln mit Aufschriften wie »Anleihehandel«, »Immobilienmarkt« oder »Aktienbörse«. Allein hier werden in Deutschland jährlich für rund 5 Billionen US-Dollar Wertpapiere gehandelt.

Zudem wird dem Pegelstand dieser Seen in der Wirtschaft besondere Beachtung geschenkt, weil er die Stimmungslage in der Wirtschaft widerspiegelt. Steigt er, spricht das für einen guten Gang der laufenden Geschäfte und die Erwartung, dass es so bleibt. Fällt er, wird eher mit Krisen oder kriegerischen Auseinandersetzungen gerechnet.

Auf den ersten Blick scheinen die Machtverhältnisse im Geldsystem klar geordnet. Die Währungshüter bestimmen, wie viel Liquidität in die Wirtschaft gepumpt wird. Unternehmen und Haushalte müssen damit auskommen. Wer die Ströme jedoch genauer unter die Lupe nimmt, kommt rasch zu einer anderen Erkenntnis: Das Entstehen der Finanzkrise wurde nicht unerheblich dadurch befördert, dass die Liquiditätsversorgung in der Wirtschaft weniger den Prinzipien der Diktatur als denen einer gelenkten Demokratie entspricht.

So entscheiden die Privathaushalte, wie viel Wasser sie dem System entziehen und wie viel sie fürs tägliche Leben ausgeben. Die Anleger an Finanzmärkten und Börsen bestimmen über den Pegelstand der Speicherseen, und die Unternehmen haben großen Einfluss auf den Strom der Kredite.

Vor allem aber steuern die Pumpstationen der Geschäftsbanken die Geldversorgung mit. Sie sind die einzigen Institutionen der Wirtschaft, die Zugang zu eigenen Liquiditätsquellen haben und, wenn auch in begrenztem Umfang, selbst Geld in Umlauf bringen können. »Geldschöpfung« nennen Ökonomen den Vorgang, der von besonderer Bedeutung ist. Sein Vorteil besteht darin, dass sich die Geldversorgung besonders flexibel an die Wirtschaftsentwicklung anpassen kann. Sein Nachteil ist, dass er die Arbeit der Notenbank erschwert.

Betrachten wir das gesamte Wasserversorgungssystem noch einmal aus der Vogelperspektive, so lässt sich ein doppeltes Fazit ziehen. Zum einen wird klar, auf welch ausgeklügelte Weise das Zusammenspiel von Pumpstationen, Zisternen und Speicherseen die Liquidität für die Realökonomie dosiert. Zum anderen zeigt sich, vor welch schwieriger Aufgabe die Notenbanken stehen. Sie müssen nicht nur den aktuellen Flüssigkeitsbedarf berücksichtigen, sondern auch die Prognosen über seine künftige Entwicklung. Sie haben darauf zu achten, mit welchem Druck die Pumpstationen arbeiten, wie sich die Füllstände von Zisternen und Speicherseen entwickeln und ob Liquidität aus dem Ausland zufließt. Auch die jüngsten Fortschritte in der Wasserhydraulik spielen eine Rolle, genauso wie die vielen Rückkopplungen und Wechselwirkungen innerhalb des Röhrensystems sowie die Hoffnungen und Erwartungen derjenigen, die es steuern.

Und schließlich müssen die Währungshüter ihre eigene Rolle bedenken, die nicht zuletzt dadurch geprägt wird, dass sie von den Beteiligten im Versorgungssystem nicht als neutrale Rohstoff-Lieferanten gesehen werden, sondern als Mitspieler, über deren Absichten und Einschätzungen unablässig gerätselt wird. Hat die Notenbank die Flüssigkeitszufuhr nun erhöht, weil sie mit einem Aufschwung rechnet, oder eher, um dem allgemeinen Pessimismus entgegenzuwirken?

Die Frage führt zu einem weiteren Punkt, der für die Entscheidungen der Notenbank von besonderer Bedeutung ist. Denn um unsere Wasserversorgung zu steuern, gibt es keine allgemeingültige Gebrauchsanleitung. Im Gegenteil: Seit jeher streitet die Wissenschaft darüber, was die Flüssigkeitszirkulation im System beeinflusst und welche Funktionszusammenhänge die bestimmenden sind. Um zu verstehen, wie Notenbanken entscheiden, müssen wir deshalb nicht nur in den Blick nehmen, wie sich das Leitungsnetz selbst entwickelt, sondern auch, welche Theorie darüber gerade dominiert.

Das ist vor allem deshalb bedeutend, weil die Währungshüter im Wesentlichen nur über ein einziges

Steuerungsventil verfügen, mit dem sie den Wasserstand in Finanzsystem und Realökonomie beeinflussen können. Es befindet sich an den Koppelstellen zwischen Talsperren und Rohrleitungssystem und ist wegen seiner gewaltigen Ausmaße bereits von Weitem zu erkennen. Es trägt die Bezeichnung »Leitzins«, und das mit einiger Berechtigung, denn sein Öffnungsgrad ist nicht nur bestimmend für den Wasserstand im Rohrleitungssystem, sondern oft genug für das Wohl und Wehe der ganzen Volkswirtschaft.

Tatsächlich hatte ein Großteil der ökonomischen Krisen und Katastrophen des vergangenen Jahrhunderts seine Ursache in Fehlsteuerungen und Funktionsstörungen der Liquiditätsversorgung. Mal traten Speicherseen über die Ufer, mal wurden Felder unter Wasser gesetzt. Es gab Dürren, die auf den Ausfall der Pumpstationen zurückzuführen waren, und schwere Flutkatastrophen, weil die Währungshüter die zentralen Ventile falsch ausgesteuert hatten.

Die Großunfälle waren nicht nur mit erheblichen materiellen Schäden verbunden, sie änderten regelmäßig auch das ökonomische Weltbild. Es war der Versuch, aus der Vergangenheit zu lernen, doch jedes Mal, wenn eine Fehlerquelle abgestellt war, kam eine neue hinzu. Es war, als würde ein Fluch über den Bemühungen der Wissenschaftler liegen. Regelmäßig wurden die Erkenntnisse aus dem jüngsten Versorgungsschaden zum Auslöser der nächsten Katastrophe, eine ewige Abfolge von Versuch und Irrtum, wie sie zuletzt auch bei jener Katastrophe zu beobachten war, die mit dem Crash der Investmentbank Lehman Brothers ihren Höhepunkt erreichte.

Knapp 90 Jahre zuvor war ein besonders schwerer Geldunfall in Deutschland zu verzeichnen gewesen. Die Regierung der Weimarer Republik hatte die gewaltigen Staatsschulden aus dem Ersten Weltkrieg geerbt, zugleich war sie im Versailler Vertrag zu gewaltigen Reparationszahlungen an die Siegermächte gezwungen worden, die in Gold, Devisen und Sachwerten gezahlt werden mussten.

Die Schulden der Weimarer Republik stiegen und stiegen, und so griff die Reichsregierung in ihrer Not auf jenes Mittel zurück, das sich schon seit Jahrhunderten zum Abbau staatlicher Kredite bewährt hatte. Sie nahm das Wasserwerk der Notenbank in Dienst.

Schon während des Krieges hatten die Währungshüter begonnen, die Wirtschaft mit Geld zu überschwemmen. Anfang 1923 schließlich entschlossen sie sich, den Strom in eine Flut zu verwandeln. Die Währungsbehörde vervielfachte die Geldmenge, die durch das Rohrnetz des Finanzsystems unter hohem Druck in die Wirtschaft gepumpt wurde.

Haushalte, Unternehmen und Behörden hatten plötzlich viel mehr Zahlungsmittel zur Verfügung, als sie ausgeben konnten, und so geschah, was immer geschieht, wenn ein vergrößertes Geldangebot auf eine gegebene Gütermenge trifft: die Preise stiegen. Kostete eine Briefmarke Ende Januar noch 50 Mark, so waren es Anfang November schon 100 Millionen Mark.

Die sogenannte Hyperinflation verteuerte nicht nur die Lebenshaltung, sie stellte auch sämtliche Kreditbeziehungen in der Wirtschaft auf den Kopf. Innerhalb weniger Monate waren sämtliche Schulden, die in deutscher Währung notiert waren, praktisch ausgelöscht. Wer im Januar mit 100 Millionen Mark in der Kreide stand, hatte immerhin noch eine Kreditlast im Gegenwert von zwei Millionen Briefmarken zu schultern. Im November konnte er seine sämtlichen Verbindlichkeiten mit einer einzigen Briefmarke zurückzahlen.

Das war schön für den Staat, der sich auf diesem Weg schlagartig seiner Lasten entledigt hatte, aber schlecht für alle Gläubiger. Deutschlands Sparer verloren nahezu ihr gesamtes Vermögen. Die Arbeiter verarmten, weil ihre Löhne langsamer stiegen als die Preise. Die Wirtschaft brach zusammen. Es war eine der größten Geldschwemmen der Neuzeit, deren Folgen den Umgang der Deutschen mit Geld und Geldpolitik für Jahrzehnte prägten. Seither gilt es hierzulande als vorrangige Aufgabe von Notenbankern und Finanzpolitikern, dafür zu sorgen, dass sich so etwas nie wiederholt.

So fatal die Folgen der Flut für die Wirtschaft waren, so sehr fühlten sich die Ökonomen bestätigt. Deren klassische Vertreter von Adam Smith bis David Ricardo hatten stets gelehrt, dass die Entwicklung von Geldmenge und Inflation in einem festen Verhältnis stehen. Schleust die Notenbank 10 Prozent mehr Liquidität ins Rohrsystem der Volkswirtschaft, steigen am Ende auch die Preise um 10 Prozent. »Quantitätsgleichung« nannten die Wissenschaftler diesen Zusammenhang.

Entsprechend simpel war der Rat an die Wasserwerker in der Notenbank: Am besten wäre es, das Volumen des Geldstromes unangetastet zu lassen und gar nicht erst zu versuchen den Pegelstand in der Wirtschaft manipulieren zu wollen. Von einem »Geldschleier« sprachen die Ökonomen, der sich im Idealfall sanft um Handel und Gewerbe legen würde, ohne die wirtschaftlichen Angelegenheiten groß zu beeinflussen.

Es war eine schöne Theorie, abgewogen und harmonisch, nur hatte sie einen Nachteil: Sie stimmte nicht.

Schon im 19. Jahrhundert waren in den jungen Industriegesellschaften Europas und Amerikas regelmäßige Auf- und Abschwünge der Konjunktur zu beobachten gewesen, die das ökonomische Geschehen mindestens so stark prägten wie die ausgleichenden Gesetze von Angebot und Nachfrage.

Die Klassiker sahen in den Zyklen lediglich kurzfristige Abweichungen vom Gleichgewicht, denen keine größere Beachtung zu schenken war. Für alle, die am Wirtschaftsleben beteiligt waren, hatte das mehr oder weniger regelmäßige Auf und Ab dagegen überragende Bedeutung, für Händler und Banker genauso wie für Unternehmer und Beschäftigte.

Die Fehlstelle war schon immer offensichtlich, doch die Ökonomen sträubten sich, ihre so einfache und elegante Theorie infrage zu stellen. Doch dann, sechs Jahre nach der deutschen Hyperinflation, kam es zu einer Katastrophe, die das Weltbild der Wirtschaftswissenschaft endgültig zum Einsturz brachte.

Ende der Zwanzigerjahre blickten die USA auf eine Epoche scheinbar unbegrenzten technischen Fortschritts und ökonomischen Wachstums zurück. Immer neue Industrien entstanden, immer mehr Waren wurden hergestellt und durch die Erfindung der Massenproduktion waren die Amerikaner vermögend geworden.

Im Glauben, der Aufschwung werde ewig dauern, hatten sich große Schichten der Bevölkerung an der Börse engagiert. Sie spekulierten mit allen Arten von Wertpapieren und kauften Aktien in großem Stil auf Pump, um die Schulden später mit den Kursgewinnen zurückzuzahlen. Die hielten sie für garantiert, schließlich hatten sich die Aktienwerte zwischen 1919 und 1929 beständig erhöht.

Der Hype an der Wall Street nahm immer wahnsinnigere und zunehmend kriminelle Züge an. Dafür verlangsamte sich das Wachstum in der Wirtschaft, und so wurde die Diskrepanz zwischen Börsenwerten und Unternehmensgewinnen immer größer. Am 25. Oktober 1929, dem sogenannten Schwarzen Freitag, kam es schließlich zum Crash. Binnen weniger Wochen brachen die Börsenkurse um 40 Prozent ein.

Was den Absturz genau ausgelöst hat, ist bis heute umstritten. Sicher ist dagegen, was seine Folgen waren. Viele Aktionäre, die über Nacht große Teile ihres Vermögens verloren hatten, konnten ihre Schulden nicht mehr bedienen. Sie stellten ihre Zahlungen ein, und das brachte jene Banken in Schwierigkeiten, die ihnen das Geld geliehen hatten. Bald brachen die Geldhäuser reihenweise zusammen, was wiederum den Kreditfluss an die Unternehmen ins Stocken brachte. Die Firmen drosselten die Produktion, entließen ihre Beschäftigten und strichen die Investitionspläne zusammen.

Eine allgemeine Abwärtsspirale setzte ein, die sich auch im monetären Versorgungsnetz widerspiegelte. In der Sprache des Wasserversorgungsmodells sanken die Pegelstände der Speicherseen, aus den Zisternen wurde in großem Stil Liquidität abgesaugt, viele Pumpstationen liefen trocken. Wo noch vor Kurzem große Geldströme sprudelten, flossen nur mehr kleine Rinnsale. Dafür füllten sich die Vorratsbecken von Unternehmen und Haushalten, die sich für schlechte Zeiten rüsten wollten.

Die einsetzende Dürre in Wirtschaft und Finanzsystem war auch im Federal Reserve Board nicht unbemerkt geblieben. Seine Direktoren jedoch hielten den Rückgang der Geldströme nicht für einen bedenklichen Vorboten wirtschaftlichen Unheils, sondern für eine heilsame Korrektur vorausgegangenen Überschwangs, die nicht zu bekämpfen, sondern im Gegenteil zu unterstützen war, ganz so, wie es die herrschende Lehre der klassischen Ökonomie empfahl.

Und so beging die US-Zentralbank den wohl folgenschwersten Fehler der Wirtschaftsgeschichte. Sie drosselte die umlaufende Liquiditätsmenge um rund 30 Prozent.

Nun trat der wirtschaftliche Austrocknungsprozess in eine neue Phase. Nach dem Börsen-Crash waren die Pegelstände gesunken, weil die Menschen große Teile ihres Vermögens eingebüßt hatten. Jetzt gingen die Flüssigkeitsmengen zurück, weil zu wenig Geld ins Rohrsystem gespeist wurde. Wieder brachen Banken zusammen, wieder stockte die Kreditvergabe, wieder fuhren die Unternehmen die Produktion zurück. Mehr als ein Viertel der Amerikaner wurden arbeitslos, Preise und Löhne verfielen im Wettlauf, aus der wirtschaftlichen Rezession wurde eine Depression. Die Einkommen in der US-amerikanischen Landwirtschaft beispielsweise schrumpften um rund 50 Prozent.

Es war einer der verheerendsten Konjunktureinbrüche der Geschichte, der nicht nur die ganze Weltwirtschaft in den Abgrund riss, sondern auch tief greifende soziale und politische Folgen hatte. Überall auf dem Globus wuchsen die Spannungen zwischen den Gesellschaftsklassen, und es spricht viel dafür, dass der Nationalsozialismus in Deutschland ohne die Verwüstungen der Wirtschaftskrise nie an die Macht gekommen wäre.

Die Große Depression war nicht nur eine ökonomische Katastrophe historischen Ausmaßes, sie war auch ein Debakel für die Wirtschaftswissenschaft. Unübersehbar hatten die Rezepte der herrschenden ökonomischen Lehre die Krise nicht gemildert, sie hatten sie verschärft. Das war das Bestürzende am wirtschaftlichen Niedergang der Dreißigerjahre. Er war kein Naturereignis, sondern Menschenwerk.

Kein Wunder, dass die Ökonomen versuchten, ihre gescheiterten alten Modelle durch bessere neue Theorien zu ersetzen. Die mit Abstand einflussreichste entwickelte der britische Wirtschaftsprofessor John Maynard Keynes, der die Gleichgewichtskonzepte der herrschenden Ökonomie schon deshalb ablehnte, weil er als erfolgreicher Spekulant an der Börse gelernt hatte, dass die Wirtschaft ganz anders funktioniert.

Natürlich, so wusste Keynes, ist auch der Aktionär ein kühl kalkulierender Vernunftmensch, der nach größtmöglichem Profit strebt, so wie es die Klassiker unterstellten. Zugleich aber wird er wie alle Menschen getrieben von Erwartungen, Gefühlen und den schwer zu fassenden Einflüssen der Massenpsychologie, die nirgendwo so spürbar sind wie an der Börse. Dort macht meist derjenige den größten Gewinn, der an einem Tag mit der Herde trampelt, um sich ihr am nächsten entgegenzustellen, der weiß, wohin der Zeitgeist weht, und über den richtigen Riecher für den nächsten Trend verfügt, auf den man aufspringen muss.

Entsprechend bevölkerte der Professor seine Theorie nicht mit den traditionell emotionslosen Nutzenmaximierern der herrschenden Wirtschaftslehre, sondern mit Menschen aus Fleisch und Blut, die sich von

Stimmungen leiten ließen und bei ihren Entscheidungen stets berücksichtigten, was Nachbarn, Kollegen oder Handelspartner gerade dachten.

Bei Keynes gab es Unternehmer, die bei ihren Investitionen weniger auf den Zinssatz schielten als auf die aktuellen Konjunkturprognosen. Es gab Arbeitnehmer, die steigende Preise klaglos akzeptierten, aber sofort streikten, wenn ihnen der Chef die Nominallöhne auch nur um ein paar Cent kürzen wollte. Und es gab Geldanleger, die mitunter so von Angst beherrscht wurden, dass sie besinnungslos Geld horteten. »Liquiditätsfalle« nannte er jene Konjunkturlage, in der sich die Wirtschaft praktisch selbst trockenlegt.

Was Keynes entworfen hatte, war nichts anderes als ein völlig neues Bild der Wirtschaft. Er führte den Kapitalismus nicht als Rechenexempel im freien Spiel der Kräfte vor, sondern als wilde Abfolge von Aufbruch und Zerstörung, von Panik und Gier.

Dass der britische Ökonom die Wirtschaftstheorie revolutionierte, war dabei nicht einmal seine bedeutendste Leistung. Noch wichtiger war, dass er die Praxis veränderte.

Vor Keynes herrschte die Auffassung, dass sich die Regierung aus den wirtschaftlichen Angelegenheiten tunlichst herauszuhalten habe, um die Privat-Ökonomie nicht auf ihrem Weg zum nächsten Gleichgewicht zu stören. Seit Keynes war es der Staat, der das Gleichgewicht überhaupt erst herbeizwingen musste. Brach das Wachstum ein, sollte die Regierung die Konjunktur stimulieren. Produzierten die Unternehmen an der Kapazitätsgrenze, hatte sie den Boom zu dämpfen.

Antizyklische Politik hieß die Losung, die dem Staat völlig neue Aufgaben stellte. Aus dem Schiedsrichter, der nach der ökonomischen Klassik die Regeln im Spiel einer möglichst freien Marktwirtschaft setzen sollte, war bei Keynes der Spielgestalter geworden, der mit dem ganzen Gewicht seiner Finanz- und Geldströme der Wirtschaft die Richtung vorgab.

Die Konzeption veränderte auch die Rolle der Wasserwerker in der Zentralbank, denen der britische Ökonom neue Eingriffsmöglichkeiten zuerkannte. Solange der Konjunkturabschwung im Rahmen blieb, reichte es häufig aus, wenn die Zentralbank den Leitzins senkte, neue Liquidität in ihr Leitungsnetz drückte und so dafür sorgte, dass die Unternehmen genug Geld zum Investieren hatten.

War die Wirtschaft dagegen in die Schockstarre einer Liquiditätsfalle geraten, half auch die Flutung durch die Währungshüter nicht mehr. Die Zentralbank konnte noch so große Flüssigkeitsmengen freigeben, die Liquidität entfaltete keine Wirkung, weil Haushalte und Unternehmen sie aufstauten statt weiterzuleiten.

Um gegen diese Form der Dürre anzukämpfen, gab es nur eine Möglichkeit. Der Staat musste einspringen und die Wirtschaft direkt mit Aufträgen und Konjunkturprogrammen stützen. Die öffentlichen Ausgaben sollten den Ausfall der privatwirtschaftlichen Geldflüsse ersetzen.

Zu Recht galten Keynes Ideen bald als wichtigster Beitrag zur Ökonomie des 20. Jahrhunderts, weil sie tiefsinnig, genial und verwegen zugleich waren. Tiefsinnig waren sie, weil Keynes den Menschen nicht als rationalen Einzelgänger sah, sondern als emotions- und stimmungsabhängiges Gemeinschaftswesen. Sie waren genial, weil sie die Massenpsychologie als einen der Haupteinflussfaktoren auf den Geldfluss in der Wirtschaft erkannten. Und sie waren verwegen, weil sie die Liquiditätsströme von Staat und Finanzsystem nutzen wollten, um diese Massenpsychologie zu beeinflussen.

So war es kein Wunder, dass Keynes' Rezepte bald weltweit aufgegriffen wurden – und sich in vielen Fällen als erfolgreich erwiesen. In den USA war es während der späten Dreißigerjahre Präsident Franklin D. Roosevelt, dessen New Deal die Wirtschaft aus der Depression zog. In Deutschland gelang es den Ministern Karl Schiller (Wirtschaft) und Franz Josef Strauß (Finanzen), mit keynesianischen Instrumenten die Rezession des Jahres 1967 zu überwinden.

Doch wie es so ist, wenn Politiker glauben, ein Patentrezept gefunden zu haben; sie verordnen es auch in Fällen, in denen es gar nicht hilft und erhöhen die Dosis, bis es dem Patienten mehr schadet als nutzt. So war es auch beim Keynesianismus, den die Politiker nicht zuletzt deshalb so liebten, weil er zur fortschrittlichen Wirtschaftspolitik erklärte, was ihnen ohnehin im Blut lag: Geld austeilen und öffentliche Aufträge vergeben.

Der Musterfall für verfehlte Konjunktursteuerung war die Ölkrise 1973, die den Bürgern der westlichen Demokratien mit Bildern leerer Autobahnen, überfüllter Tankstellen und geschäftigen Scheichs mit dicken Attachékoffern im Gedächtnis geblieben ist.

Das Kartell der Ölförderstaaten hatte kurz zuvor die Produktion drastisch heruntergefahren, um den Westen im Nahostkonflikt unter Druck zu setzen. Der Benzin- und Energiepreis war in die Höhe geschossen, das Wachstum hatte sich verlangsamt, die Arbeitslosenzahl stieg. Zeit für keynesianische Konjunkturpolitik, dachten sich die Regierenden, fluteten die Märkte mit Geld und legten die üblichen Ausgabenprogramme auf.

Bloß, sie wirkten nicht. Im Gegenteil, die Arbeitslosigkeit stieg weiter und, noch verwirrender, auch die Inflation zog an. Was war geschehen?

Die Regierungen gingen von einer schweren Konjunkturkrise aus, weil im Zuge des Ölpreisanstiegs große Liquiditätsmengen aus den westlichen Industrienationen in den Nahen Osten abgeflossen waren. Das war aber nur die halbe Wahrheit. Denn was die Golfstaaten einnahmen, gaben sie auch wieder aus, für Luxusartikel, Industriebeteiligungen, Waffen. Kein Liquiditätsentzug war also zu beobachten, sondern eine bloße Verschiebung der Geldströme, wie sie in Marktwirtschaften immer auftritt, wenn sich die Nachfrage von einem Gut auf das andere verlagert.

Entsprechend kontraproduktiv wirkten die Konjunkturaktionen der Regierungen. Die Geldzuflüsse aus der Notenbank steigerten nicht die Beschäftigung, sondern lediglich das Preisniveau, und auch die staatlichen Ausgabenprogramme hatten andere Folgen als gedacht. Die Unternehmen setzten im Vorgriff auf die Maßnahmen die Preise herauf, die Gewerkschaften erstreikten höhere Löhne, und das Geld, das der Staat am Kapitalmarkt für seine Konjunkturprogramme aufnahm, fehlte der Privatwirtschaft für Investitionen.

Ein kompletter Fehlschlag war zu verbuchen, doch die Regierungen zogen daraus nicht den Schluss, die Überschwemmung in ihren Volkswirtschaften zu stoppen, im Gegenteil: Sie erhöhten den Pegelstand. Wieder schleusten sie neue Liquidität in die Märkte, wieder vergaben sie Aufträge auf Pump.

Doch statt eines neuen Gleichgewichts brachten die Maßnahmen nur neue Ungleichgewichte hervor. Manche Branchen standen völlig unter Wasser, andere litten unter extremer Trockenheit. Der Keynesianismus, der angetreten war, hohe Arbeitslosigkeit genauso verhindern zu können wie überschäumende Inflation, brachte nun beide Plagen gleichzeitig hervor. Stagflation nannten das die Experten, und die Politiker glaubten bestenfalls, das eine Übel durch das andere ersetzen zu können. »5 Prozent Inflation sind besser als 5 Prozent Arbeitslosigkeit« war der Wahlspruch des deutschen Bundeskanzlers Helmut Schmidt.

Das Problem war nur, dass es nicht bei 5 Prozent blieb. In vielen westlichen Industrienationen erreichte die Preissteigerungsrate zweistellige Werte, und die Arbeitslosigkeit ging in die Millionen. Die Misere war weit davon entfernt, die katastrophalen Ausmaße der Weltwirtschaftskrise oder der deutschen Hyperinflation zu erreichen, aber sie war schlimm genug, das Vertrauen der Menschen zu erschüttern. Die Industrienationen schienen im ewigen Krisenmodus gefangen.

Die Doppel-Malaise aus Inflation und Arbeitslosigkeit ließ die Ökonomen umdenken. Die Anhänger der Keynes'schen Lehre gerieten in die Defensive, dafür meldeten sich immer lauter die Kritiker zu Wort. Hatten die Volkswirte noch vor Kurzem bejubelt, dass der britische Professor die Emotion zur ökonomischen Kategorie gemacht hatte, warfen sie ihm nun eine allzu holzschnittartige Küchenpsychologie vor. War es wirklich denkbar, dass Unternehmer und Arbeitnehmer sich dauerhaft über die tatsächliche wirtschaftliche Lage täuschen ließen? Konnte es sein, dass die Sparer ihr Geld horteten und horteten, ohne es irgendwann auszugeben?

Auch die Anthropologie der Keynes'schen Lehre geriet in die Kritik. Der Mensch, so argumentierten seine Gegner, sei nicht nur ein vernunft- und gefühlsgesteuertes, sondern auch ein lernendes Wesen. Entsprechend werde er die vorhersehbaren Aktionen der Konjunkturpolitiker in seine Entscheidungen einbeziehen und zu seinem Vorteil auszunutzen versuchen. Wird ein staatliches Ausgabenprogramm angekündigt, erhöhen die Unternehmer rasch die Preise. Gibt es eine Investitionszulage, ordern sie eine Maschine, die sie ohnehin kaufen wollten. So laufen die Pläne der Konjunkturankurbler ins Leere.

Was die Kritiker besonders bestärkte: Der Staat hatte sich als höchst einseitiger Anwender der Keynes'-schen Theorie erwiesen. Im Abschwung erhöhte er zwar brav die Ausgaben. Den zweiten Teil der Lehre, das Sparen im Aufschwung, aber vergaß er notorisch. Überdies fiel es den Regierenden schwer zu ermitteln, in welcher Phase der Konjunktur man sich gerade befand. War der Tiefpunkt schon durchschritten oder stand er noch bevor?

Das wusste niemand genau, und so kam es, dass Staaten und Notenbanken ihre Konjunkturmaßnahmen regelmäßig zu spät auflegten. Statt im Abschwung kamen die Finanz- und Liquiditätsspritzen erst im Aufschwung an – und trugen so dazu bei, eher die Inflation anzuheizen, als die Arbeitslosigkeit zu senken. Der Staat bremste nicht den Zyklus, er beschleunigte ihn.

Der US-Ökonom Milton Friedman, Keynes' bedeutendster Kritiker, plädierte deshalb für eine radikale Politikwende. Der Staat sollte aufhören, die Bürger durch seine Konjunkturpolitik manipulieren zu wollen. Stattdessen sah Friedman die vornehmste Aufgabe der Regierung darin, den Erwartungen der Wirtschaft einen stabilen Anker zu verleihen, eine Aufgabe, die nach seiner Auffassung niemand besser erledigen konnte als die Notenbank.

Die Methode war denkbar simpel. Die Wasserwerker im Leitstand des Geldsystems sollten einfach die

Liquidität in ihrem Netz mit einer bestimmten, vorher festgelegten Rate wachsen lassen. Das gab allen Akteuren in der Wirtschaft einen festen Orientierungspunkt und ermöglichte es zugleich, den Konjunkturverlauf viel subtiler zu beeinflussen als im Keynesianismus. Das ging so: Sank die Liquiditätsmenge in der Volkswirtschaft, weil zum Beispiel Banken zusammenbrachen und keine Kredite mehr vergeben wurden, mussten die Wasserwerker ihr zentrales Sperrventil aufdrehen und zusätzliches Geld in Umlauf bringen. Hatten die Pumpstationen dagegen im Übermaß Liquidität geschöpft, mussten die Währungshüter die Zufuhr drosseln.

Das Konzept erhielt den Namen »Monetarismus«, weil es das Geld in den Mittelpunkt der Wirtschaftspolitik rückte. Zugleich verstärkte es die Macht der Notenbank. Waren die Währungshüter zu Zeiten des Keynesianismus lediglich als intelligente Helfer der regierenden Konjunkturpolitiker vorgesehen, rückten sie im Monetarismus in die Schlüsselposition. Hier war das Wasserwerk die Leitzentrale der Wirtschaft, und es war nur folgerichtig, dass Friedman empfahl, die Währungshüter vom politischen Geschäft so weit wie möglich unabhängig zu machen.

Es dauerte nicht lange, und Friedmans Theorien wurden einem Praxistest unterzogen. In den USA beendete der legendäre Notenbankchef Paul Volcker die jahrelange Inflationsphase mit einer brutalen Hochzinspolitik, in der er den Leitzins zeitweise auf die heute kaum vorstellbare Höhe von über 20 Prozent schraubte. In Deutschland setzte die Bundesbank Friedmans Konzepte weitgehend um. Seit 1974 verordnete sie sich ein sogenanntes Geldmengenziel, an dem sie ihre zinspolitischen Entscheidungen orientierte.

Ende der Siebzigerjahre schien es, als hätten Politiker und Notenbanker endlich die richtige Gebrauchsanweisung gefunden, um ihr Versorgungssystem zu steuern. Wieder sollten sie sich täuschen. Diesmal aber lag es nicht an der Theorie oder den Akteuren, sondern am Instrument.

Blicken wir einmal auf den Finanzdistrikt der Londoner City in den frühen Neunzigerjahren. Wir sehen fünfstöckige Backsteinhäuser rund um die Alte Börse an der Throgmorton Street, wo viele der traditionsreichen Londoner Handelsbanken und Brokerhäuser residieren. Dann schauen wir nach Osten, zu den Kränen und halb fertigen Wolkenkratzern am Canary Wharf, wo an der Zukunft gebaut wird. Hier werden bald jene Investmentbanken und Hedgefonds sitzen, die den enormen Wandel der Finanzwirtschaft seit den Achtzigerjahren symbolisieren.

Damals begann sich die Geldindustrie in eine Wachstumsmaschine zu verwandeln, die von der rasanten Entwicklung der Informationstechnik genauso profitierte wie von der Globalisierung und dem zunehmenden Wohlstand in den Industrienationen. Um die steigenden Vermögen möglichst gewinnbringend anzulegen, transferierten die Banken immer größere Beträge in immer kürzeren Zeitspannen um die Erde und, wichtiger noch: sie veränderten ihr traditionelles Geschäftsmodell.

In der alten Zeit nahmen sie Spareinlagen privater Haushalte entgegen und reichten sie als Kredite an Unternehmer oder Immobilienkäufer weiter. In der neuen Zeit verwandelten sie den Kredit in ein Wertpapier, das an der Börse gehandelt werden konnte. Verbriefung hieß die Methode.

In der Kartografie unseres Wasserversorgungsmodells drückt sich der Wandel wie folgt aus: Früher wurden die meisten Geschäfte über das Röhrensystem der Zentralbank abgewickelt. Durch die Verbriefung dagegen koppelte sich ein immer größerer Teil des Geldverkehrs davon ab. Es war ungefähr so, als würden die Banken die Liquidität, die sie in ihren Pumpstationen schöpften, für ihre Kundschaft in Flaschen abfüllen, mit unterschiedlichen Geschmacksstoffen und Etiketten versehen und per Schiff, Flugzeug oder LKW weltweit vertreiben.

Diese Form des Finanzverkehrs hatte viele Vorteile. Im traditionellen Röhrensystem waren Banken, Haushalte und Unternehmen aufs Engste miteinander verkoppelt, das Flaschengeschäft dagegen brachte vor allem den Geldinstituten neue Freiheiten. Sie konnten die Kredite besser auf ihre Kundschaft zuschneiden, leichter handeln und, nicht zuletzt, wichtige Teile des Speditionsgeschäfts auf Fremdfirmen verlagern.

Den Nachteil hatten die Zentralbanken. Solange die Liquidität vorwiegend durch ihr Röhrensystem strömte, ließen sich die Geldflüsse bestens messen und kontrollieren. Seit der Flaschenhandel immer größere Marktanteile gewann, wurde die Geldmenge als Indikator immer unzuverlässiger. Mal wurden große Teile der Liquidität dem System entzogen, mal wurde ihr Inhalt wieder ins Rohrnetz eingespeist.

Auch die Arbeit der staatlichen Bankenaufseher wurde schwieriger. Die Finanzindustrie transferierte immer größere Geldflüsse ins Ausland, um sie dort in unterirdischen Speziallagern, sogenannten Zweck-gesellschaften, vor den Aufsichtsbehörden zu verber-gen.

So stellte der rasante Fortschritt der Finanzindus-trie Regierungen und Notenbanken vor das gleiche Problem: Sie drohten die Kontrolle über das Geld zu verlieren.

Wie sollte die Politik darauf reagieren? Am besten gar nicht, empfahlen die führenden Ökonomen. Sie hatten in den vergangenen Jahren gleich zwei Theo-rien entwickelt, die für die Frage, wie mit dem rasan-ten Innovationstempo in der Finanzindustrie umzu-gehen sei, entscheidende Bedeutung gewannen.

Die erste war die sogenannte Effizienzmarkthypo-these. Sie besagte, dass die Akteure am Kapitalmarkt stets rational handelten und alle verfügbaren Infor-mationen in ihren Entscheidungen berücksichtigten. Das war zwar offenkundig absurd, wie der Börsenall-tag mit seinem Herdenverhalten und seinen plötz-lichen Stimmungsumschwüngen bewies. Dennoch wurde die Theorie von den Verfechtern einer möglichst ungezügelten Finanzwirtschaft dazu benutzt, tunlichst jeden staatlichen Eingriff in ihre Angelegenheiten zu verhindern. Es war ein plumper Zirkelschluss, dennoch gewann der Satz seit den Achtzigerjahren für alle Regulierungsfragen entscheidende Bedeutung. Er lautete: »Die Entscheidungen an den Finanzmärkten sind richtig, sonst wären sie nicht getroffen worden.«

Die zweite Theorie betraf die Geldpolitik. Je mehr sich die Finanzindustrie vom traditionellen Bankgeschäft verabschiedete, desto untauglicher wurde die Geldmenge als Messinstrument. Sie war zwar längst nicht bedeutungslos. Denn durch das Röhrensystem der Zentralbank wurden weiter große Teile des Geldverkehrs geschleust. Doch wirklich verlässlich war die Größe nicht mehr. War beispielsweise ein plötzlicher Liquiditätsabfluss zu beobachten, so konnte das verschiedene Gründe haben: einen Einbruch der Konjunktur genauso wie neue Vorlieben der Anleger.

So war es kein Wunder, dass die Ökonomen den Währungshütern schließlich empfahlen, das System mit Größen zu steuern, die außerhalb des Finanzsystems lagen. Nicht mehr die Entwicklung der Geldströme und Pegelstände sollte die Geldpolitiker leiten, sondern die Vorgänge in der Realwirtschaft.

Dabei griffen sie auf Erkenntnisse des US-Geldtheoretikers John Taylor zurück. Der Ökonom hatte ermittelt, dass die Notenbanken ihre Entscheidungen in der Vergangenheit oft an die Entwicklung von Inflationsrate und Konjunkturentwicklung gekoppelt hatten. Das ging so: Stiegen die Preise und produzierte die Wirtschaft an der Kapazitätsgrenze, so erhöhten sie den Leitzins. War es umgekehrt, senkten sie ihn. »Inflation Targeting« hieß das Konzept.

An dieser Regel, so empfahl Taylor, sollten sich die Währungshüter auch bei ihren aktuellen Entscheidungen orientieren. Schließlich schien die sogenannte Taylor-Regel der ideale Kompromiss zwischen den verschiedenen geldtheoretischen Schulen zu sein. Sie war monetaristisch, weil sie die Zinspolitik an eine feste Regel koppelte. Sie war keynesianisch, weil sie auf die Konjunkturentwicklung Rücksicht nahm. Was die Währungshüter ausdrücklich ausblenden sollten, waren dagegen alle Vorgänge im Finanzsystem selbst: die Entwicklung der Geldmenge genauso wie Preisänderungen an Aktien- oder Immobilienmärkten.

So kam es, dass die Wirtschaftswissenschaft nach vielen Jahrzehnten des Glaubensstreits Ende der Neunzigerjahre von zwei Theorien beherrscht wurde, die das Finanzsystem als Black Box behandelten. Die Effizienzmarkthypothese schien zu belegen, dass alles, was die Akteure an den Finanzmärkten taten, richtig war. Die Geldpolitik des »Inflation Targeting« besagte, dass die Währungshüter monetäre Größen am besten gar nicht beachten sollten. Es klingt einigermaßen absurd, aber so war es: Die herrschende ökonomische Lehre empfahl den Notenbanken, sich nicht mehr ums Geld zu kümmern, und riet Gesetzgebern und

Aufsichtsbehörden, die Finanzmärkte weitestgehend in Ruhe zu lassen.

Kaum jemand ahnte, welche Gefahren in diesen scheinbar so harmlosen Lehrsätzen schlummerten. Und erst recht war niemandem bewusst, dass die Risiken noch vervielfacht wurden, wenn man die Theorien kombinierte.

Die Komponenten für das größte ökonomische Desaster seit der Weltwirtschaftskrise lagen bereit. Es fehlte nur noch jemand, der die Mischung anrührte.

Der amerikanische Traum

Ein Magier tritt auf

Zerknirscht sitzt im Frühjahr 2010 Alan Greenspan in Washington vor dem Untersuchungsausschuss des US-Kongresses zur Finanzkrise. Schmal, die Brille ein bisschen verrutscht, der Hemdkragen etwas zu weit. Nicht einmal das Mikrofon vor seiner Nase funktioniert auf Anhieb. Von der Aura des legendären Notenbankchefs der USA ist nicht viel geblieben. Das Orakel von Washington war es gewöhnt, dass man jedes seiner Worte sorgfältig protokollierte, seinen Hauptsätzen andächtig lauschte, der Bedeutung der vielen Nebensätze sorgsam hinterherspürte. Jahrelang versuchten Bankleute, Aktienhändler und Analysten aus seinen Äußerungen herauszulesen, ob die Zinsen demnächst erhöht würden oder das Wirtschaftswachstum befeuert werden müsse. Alan Greenspan war der Magier der Märkte, der Schöpfer des amerikanischen Wirtschaftswunders.

Jetzt, im April 2010, ist alles anders. Jetzt sitzt der 84-Jährige, obwohl nur als Zeuge geladen, wie ein Angeklagter auf seinem Stuhl. Ungelenk erhebt er sich, um »nichts als die Wahrheit zu sagen«. Zehn Minuten lang versucht er zu erklären, warum es die Politik und nicht die Notenbank war, die die Lunte für jene Finanzkrise gelegt hat, die seit zwei Jahren die Welt in Atem hält. Da fährt ihm der Vorsitzende der Kommission über den Mund. Er möge mal zum Ende kommen. Der Mann, der in den letzten 20 Jahren immer aussprechen durfte, bedankt sich für den Tadel. Und er gehorcht.

Es sah nur auf den ersten Blick so aus, als sei in diesen Wochen des Jahres 2010 vor dem Untersuchungsausschuss des Kongresses die Allianz zwischen Politik, Notenbank und Finanzindustrie zerbrochen. Tatsächlich war sie enger denn je.

Wenige Wochen später wurde zwar eine neue Bankenregulierung in den USA verabschiedet, die Barack Obama als weitreichenden Schutz für die Verbraucher pries. Doch die Macht der Banken wurde damit nicht begrenzt. Nicht einmal die Institute, die als »too big to fail« galten, als zu groß, als dass man sie bankrott gehen lassen könnte, wurden beschnitten, im Gegenteil: Wer die Krise nutzen konnte, um Konkurrenten mithilfe staatlichen Geldes zu übernehmen, hatte sie genutzt. Und war jetzt nicht nur zu groß, um zu scheitern. Sondern auch »too big to be rescued«, zu groß, um von einem einzelnen Land noch gerettet werden zu können.

Auch das Wohlwollen der Notenbanken wurde wieder gebraucht. Greenspans Nachfolger Ben Bernanke sollte die US-Wirtschaft mit reichlich billigem Geld versorgen, damit die Konjunktur im Jahr vor der Wahl endlich wieder Fahrt aufnehmen konnte.

Die Vorzeichen hatten sich geändert, am Ende aber saßen sie wieder in einem Boot, die Manager aus den Wall-Street-Firmen und die Top-Beamten der Finanz- und Währungsbehörden. Sie alle wussten, wie abhängig sie voneinander waren, und sie taten wenig, um sich aus dieser Verstrickung zu lösen. Sie würden die Krise mit denselben Mitteln bekämpfen, die für ihren Ausbruch verantwortlich waren. Es blieb bei einer Politik niedrigster Zinsen, exzessiver Staatsverschuldung und Protektion der Geldindustrie. Im Grundsatz hatte sich nichts geändert. Der unbedingte Glaube an die Gestaltungsfähigkeit der Verhältnisse war geblieben.

Diesmal würde es der neue Notenbankchef Ben Bernanke sein, der nach Greenspan-Art die USA mit billigem Geld überschwemmte. Der frühere Finanzminister und heutige Harvard-Ökonom Larry Summers, Neffe zweier Nobelpreisträger, würde ihm freundlich assistieren: »Die Finanzkrise wurde durch zu viel Zuversicht, zu viel Kredit und zu viel Konsum verursacht. Die Ironie der Geschichte ist, dass sie nur durch noch mehr Zuversicht, noch mehr Kredit und noch mehr Konsum bekämpft werden kann«, stellte er fest und forderte: niedrigere Zinsen für den Hausbau, billigere Verbraucherkredite und mehr Liquidität für die Märkte.

Nicht nur in den Vereinigten Staaten wurde so gehandelt, die USA erwarteten vom Rest der Welt, dass er sich genauso verhielt. Als der zweite Teil der Weltwirtschaftskrise, die europäische Schuldenkrise, ausbrach, drängten die Amerikaner Europas Regierungen mit der Arroganz der Supermacht dazu, ihre Rezepte zu übernehmen: Konjunktur ankurbeln, Schulden machen, da Geld verbilligen. So, wie Amerika es seit einem Vierteljahrhundert praktizierte, so, wie es eine aufgeklärte und moderne Wirtschaftslehre angeblich empfahl.

Denn auch das war Teil der amerikanischen Doktrin und der amerikanischen Sicht auf die Welt. Die Ursache des Problems lag nicht beim Großschuldner USA, sondern bei seinen Gläubigern: den Chinesen, Europäern, Japanern, die der Supermacht leichtfertig ihr Geld aufgedrängt hatten. Den Zustrom ausländischen Kapitals, der die US-Bürger der lästigen Pflicht enthob, Geld auf die hohe Kante zu legen, bezeichnete Notenbankchef Bernanke als »globalen Ersparnis-Überschuss«.

Tatsächlich war die größte Finanzblase der Nachkriegszeit nirgendwo anders erzeugt worden als in den USA. Es waren die Vereinigten Staaten, die den Globus mit billiger Liquidität überschwemmten, ihren Konsum weitgehend auf Pump finanzierten und einen Großteil jener giftigen Finanzmarktpapiere entwickelt hatten, die Geldhäuser in aller Welt an den Rand des Ruins trieben. Nirgendwo hatten Banken und Investmentkonzerne solchen Einfluss auf die Regierungsgeschäfte erobern können wie in den Vereinigten Staaten, nirgendwo war das Geld stärker unter die Kuratel von Politik und Finanzmärkten geraten.

Die Washingtoner Notenbank Fed, noch in den Achtzigerjahren der Inbegriff solider Geldpolitik, war zu einer Bad Bank herabgesunken, in deren Tresoren sich fragwürdige Wertpapiere und US-Staatsanleihen im Wert von mehreren Billionen Dollar stapelten. Aus den unabhängigen Hütern der Währung waren Abhängige geworden, die ihre Vermögenswerte an die Entscheidungen Washingtoner Finanzpolitiker und die Stimmungslage der Wall Street gekoppelt hatten. Das Fed-Direktorium galt als mächtigstes geldpolitisches Gremium der Welt, tatsächlich demonstrierte es täglich seine Ohnmacht. Die Währungshüter hatten die Zinsen auf den Nullpunkt gesenkt, doch die Wirtschaft sprang nicht an. Sie erwarben im Billionenumfang staatliche Anleihen, aber die Unternehmer stellten keine neuen Leute ein. Sie sollten für stabiles Geld sorgen, stattdessen schufen sie eine Finanzblase nach der anderen.

Ihr wichtigstes Kapital war das Vertrauen der Bürger. Doch gerade das ging in atemberaubendem Tempo verloren. Die linken Kapitalismuskritiker der Occupy-Bewegung erklärten die Notenbank genauso zu ihrem Lieblingsfeind wie die rechten Freimarkt-Anhänger von der Tea Party. Die republikanischen Präsidentschaftsbewerber im Frühjahr 2012 überboten sich darin, die Notenbank zu schmähen, manche forderten gar, sie aufzulösen.

Immer wieder scheiterten in der Menschheitsgeschichte Institutionen daran, dass sie ihre Macht überdehnten. Dieses Schicksal könnte nun auch die Fed ereilen. Anders als andere Notenbanken hat die US-Behörde zwei Aufgaben: Sie soll die Inflation bekämpfen und gleichzeitig die Konjunktur ankurbeln. Mit diesem Doppelmandat sind die Washingtoner Währungshüter erkennbar überfordert. Nur eine unpolitische Zentralbank ist eine gute Zentralbank, die Fed aber wurde in den vergangenen Jahrzehnten zunehmend politisiert.

Es gehört zur eigenartigen Dialektik der jüngeren Finanzgeschichte, dass dafür ausgerechnet jener Mann verantwortlich war, der die Ideologie des freien Marktes stärker predigte als kaum ein anderer: Alan Greenspan. Zu Beginn der Fünfzigerjahre hatte ihn seine erste Frau, die Kunsthistorikerin Joan Mitchell, mit Ayn Rand bekannt gemacht. Die russischstämmige Rand blieb in Europa unbekannt. In den USA aber war und ist sie eine der einflussreichsten Schriftstellerinnen und Philosophinnen. Sie hielt den Kapitalismus für die einzige Wirtschaftsform, die dem Menschen ein Leben in Freiheit gestattet. Zu ihrer Beerdigung im Jahr 1982 wurde als Grabgebinde ein riesiges Dollarzeichen geflochten, von ihren Freunden wohlgemerkt.

Rand hat Greenspans Haltung zur persönlichen Freiheit und zum Kapitalismus maßgeblich beeinflusst. Geprägt von ihren eigenen Erfahrungen im kommunistischen Russland lehnte sie jede Form des Kollektivismus ab. Sie formulierte das amerikanische Selbstverständnis, wonach jeder seines Glückes Schmied ist, neu. Dem Staat wies sie nur eine einzige Aufgabe zu: Er soll lediglich für die Sicherheit und die körperliche Unversehrtheit seiner Bürger sorgen.

Als Berater verschiedener US-Regierungen setzte sich Greenspan energisch und erfolgreich für die Deregulierung des Finanzplatzes New York ein. In seinen Lebenserinnerungen schrieb er, dass er nicht glaube, dass man mit Regeln und Vorschriften Exzesse an den Finanzmärkten verhindern könne. Schließlich seien die Regulierungsbehörden nicht ansatzweise so üppig mit der neuesten Computertechnik ausgestattet wie die Banken und Investmenthäuser. Deshalb werde die Regulierung von Bankprodukten den tatsächlichen Entwicklungen immer nur hinterherlaufen können.

Den Glauben an den effizienten Finanzmarkt, den ein Großteil der Wirtschaftswissenschaftler teilte, kombinierte Greenspan mit der neuesten Schule der Geldtheorie. Die Notenbank solle ausschließlich die Konsumgüterpreise kontrollieren, so lautete die Empfehlung der Ökonomen, die Geldmenge sei dagegen genauso wenig zu beachten wie die Preisentwicklung auf Vermögens- oder Immobilienmärkten.

Daraus ließ sich ein weiteres Prinzip ableiten: Sind die Verbraucherpreise stabil, können die Zinsen gefahrlos niedrig gehalten werden, selbst wenn Immobilienpreise oder Aktienkurse explodieren. Platze die Blase, so lautete der Rat, hätten die Währungshüter immer noch genügend Instrumente parat, um einen

Crash auf den Kapitalmärkten und einen Absturz der Wirtschaft zu verhindern: Sie könnten bedrohte Finanzinstitute retten und die Zinsen senken, um die Konjunktur wieder anzukurbeln. »Mobbing up the markets« nannten Spötter die Strategie: den Schutt wegräumen.

Dem neuen Prinzip schlossen sich damals viele Geldpolitiker an, aber keiner tat es so radikal wie Greenspan. Er hielt es für möglich, die Zinsen noch aggressiver zu senken, gerade weil er mit fast religiösem Eifer an die Effizienz freier Finanzmärkte glaubte. Schließlich erlaubte es die moderne Informationstechnik, Kapital in Sekundenschnelle an jene Stellen des Globus zu bringen, wo es besonders ertragbringend eingesetzt werden konnte. Und die innovativen Produkte der Finanzindustrie schufen völlig neue Möglichkeiten, Risiken weltweit zu streuen und zu begrenzen.

Der Versuch, die globalen Geldströme überwachen und lenken zu wollen, war nach Greenspans Auffassung zum Scheitern verurteilt. Stattdessen vertraute er auf die Selbststeuerungsfähigkeiten der Banken und Finanzkonzerne. Schon aus Eigeninteresse, davon war der Fed-Chef überzeugt, würden Aktionäre und Manager alles unternehmen, um Risiken zu begrenzen und Crashs zu vermeiden. Die beste Kontrolle der Kapitalmärkte bestand deshalb für Greenspan darin, ihnen die größtmögliche Freiheit zu lassen.

So kam es, dass sich hinter dem Schleier einer angeblich fortschrittlichen Geldpolitik nichts anderes verbarg als eine besonders wirkungsvolle Form, die Interessen des vermeintlich wichtigsten Zweigs der US-Wirtschaft zu fördern. Greenspan hatte ihm gleich drei wertvolle Privilegien verschafft. Erstens sorgte er dafür, dass Banken, Börsen und Investmentfirmen von staatlicher Aufsicht und staatlichen Regeln weitgehend freigestellt wurden. Zweitens erhielten Finanzkonzerne die Garantie, dass sie im Krisenfall mit staatlicher Unterstützung rechnen konnten. Und drittens versprach er, die Kosten ihres wichtigsten Rohstoffs, die Zinsen für Zentralbankgeld, auf das niedrigstmögliche Niveau zu drücken. Greenspans Politik verband die weitgehende Deregulierung der Finanzwirtschaft mit ihrer größtmöglichen Subventionierung. Es handelte sich um einen der tollkühnsten Etikettenschwindel der Wirtschaftsgeschichte: Greenspan betrieb Industriepolitik im Namen des Liberalismus.

Kein Wunder, dass Banker und Börsianer dem Fed-Chef bald eine Verehrung entgegenbrachten wie keinem Notenbankpräsidenten vor ihm. Der Jubel der Märkte machte ihn unantastbar, selbst für die wechselnden Herren im Weißen Haus. Weder der Demokrat Bill Clinton noch der Republikaner George W. Bush wagten es, den vermeintlich erfolgreichsten Notenbanker der Welt infrage zu stellen.

Welche Gefahren in seiner Politik lauerten, sollte sich erst später erweisen. Zunächst galt es, eine Party zu feiern.

Ein Düsenjet stürzt ab

Im Februar des Jahres 1999 stellte das renommierte *Time*-Magazin seinen Lesern das »Komitee zur Rettung der Welt« vor. Auf dem Cover waren abgebildet: Robert Rubin, damals Finanzminister der Regierung Clinton. Der Spitzenökonom Larry Summers, damals stellvertretender Finanzminister, der noch im selben Jahr Nachfolger von Rubin werden sollte. Und Alan Greenspan, der Chef der amerikanischen Notenbank Fed.

Was die *Time*-Leser über die informelle Wirtschaftsregierung ihres Landes zu lesen bekamen, war keiner der üblichen Zeitschriftenbeiträge. Es war ein Kniefall. Das Blatt stellte die Anführer der wichtigsten ökonomischen Institutionen der USA als Team von Superhirnen vor, die während der vergangenen Jahre in »mitternächtlichen Telefonaten« sowie »Marathonsitzungen mit Orangensaft und Bagels« nicht nur einen ökonomischen Kollaps nach dem anderen abgewehrt, sondern auch »das amerikanische Wirtschaftswachstum« sowie, ganz nebenbei, das »Glück der Investoren« gerettet hatten.

Für das *Time*-Magazin war Rubin der »Goldjunge der Investmentbank Goldman Sachs«, Summers der »Kissinger der Ökonomie« und Greenspan der »zahlenverliebte Analytiker mit der schamanenhaften Macht über die globalen Märkte«. Gemeinsam bediente sich das »pragmatische und unideologische

Politbüro der freien Marktwirtschaft« jenes »Finanz-systems des 21. Jahrhunderts«, dessen Entwicklung Summers mit dem Sprung vom Motor- zum Düsen-flugzeug verglich: »Jets sind schneller und komfor-tabler«, zitierte ihn das Blatt, »aber dafür sind die Abstürze spektakulärer.«

Wie hellsichtig dieser Vergleich war, sollte sich erst zehn Jahr später erweisen. Zum Zeitpunkt seines Erscheinens war der *Time*-Titel dagegen für andere Merkmale des US-Wirtschaftsmodells charakteris-tisch: die enge Verflechtung von Politik und Finanzin-dustrie, den Erfolg einer unter dem Logo der Ideolo-giefreiheit geborenen Ideologie und den Größenwahn einer Elite, die glaubte, die Weltformel gefunden zu haben.

Von einem »neuen Paradigma« war nicht nur in Zeitschriftenartikeln die Rede. Auch viele Politiker und Ökonomen glaubten, dass globale Finanzmärkte und Washingtons weises Krisenmanagement eine neue Phase der wirtschaftlichen Entwicklung einge-leitet hatten, die eine Art dauerhaften Aufschwung sicherstellte, zumindest in den USA. Dort wuchs die Wirtschaft seit Anfang der Neunzigerjahre konstant mit Raten zwischen 2,5 und 5 Prozent, die Arbeits-losigkeit lag so niedrig wie seit 30 Jahren nicht mehr, und der Staatshaushalt wies erstmals seit Lan-gem wieder Überschüsse auf. Es war eine »Alice-im-Wunderland-Welt«, wie das *Time*-Magazin vermerkte, die umso zauberhafter wirkte, als sie sich vor dem Hintergrund zahlreicher Wirtschafts- und Finanzkrisen entfaltete, wie sie in immer kürzeren Abständen Asien, Lateinamerika oder Osteuropa heimsuchten.

Was damals nur wenige erkannten, war die Tatsache, dass die Crashs in der globalen Peripherie dieselbe Ursache hatten wie der Aufschwung in den USA. Beides war Ausfluss jener Geldpolitik, die Fed-Chef Greenspan seit seinem Amtsantritt mit zunehmender Konsequenz verfolgte.

Als der frühere Investmentberater 1987 den Posten des Fed-Chefs übernahm, bereitete den Notenbankern ein Aktienboom an der Wall Street Kopfzerbrechen. Viele hielten den Anstieg der Kurse für ungesund und gefährlich. Greenspan tat, was Notenbanker damals in solchen Fällen taten: Er erhöhte die Zinsen. Paul Volcker, sein Vorgänger als Chef der Fed, erteilte dem neuen Mann im Amt daraufhin großmütig den Ritterschlag. »Glückwunsch«, stand in seiner Nachricht, »Sie sind ein Notenbanker geworden.«

Greenspan war weniger erfreut. Nicht nur, weil kurz darauf die Aktienmärkte dramatisch einbrachen, sondern auch, weil die Zinswaffe bei ähnlichen Einsätzen in den Folgejahren stumpf blieb. Wieder und wieder schraubte Greenspan die Sätze nach oben, doch die Börsenkurse stiegen weiter. Dafür stöhnten die Unternehmen über rekordhohe Kreditkosten, die Wirtschaft lahmte, die Arbeitslosenzahl stieg an, und so reifte in Greenspan eine Einsicht, die sein Handeln künftig bestimmen sollte: Es bringt nichts, sich einem Aktienboom mit geldpolitischen

Mitteln entgegenstemmen zu wollen. Schlimmer noch: Wer es versucht, würgt die Konjunktur ab.

Der Fed-Chef begann seine Strategie zu ändern. Um die Wirtschaft anzukurbeln, senkte er die Zinsen, vorsichtig zunächst, dann immer konsequenter. Zwischen 1989 und 1991 halbierte Greenspan die Zinssätze, und tatsächlich kam die Konjunktur in Schwung. Zu früheren Zeiten wären nun womöglich die Preise gestiegen, weil mehr Geld in Umlauf kam. Diesmal blieb die Inflationsrate stabil.

Denn die Güter, die Amerikas Haushalte kauften, kamen zu einem immer größeren Anteil aus den aufblühenden Schwellenländern Südostasiens, die auf ein Millionenheer billiger Arbeitskräfte zurückgreifen konnten. Das war tatsächlich neu an der neuen globalen Ökonomie des ausgehenden 20. Jahrhunderts. Steigende Nachfrage führte nicht mehr unbedingt zu steigenden Preisen, weil die Beschäftigtenzahlen praktisch unbegrenzt ausgeweitet und die Löhne deshalb stabil gehalten werden konnten. Der alte Zusammenhang, wonach automatisch die Löhne anzogen, wenn die Preise stiegen, war außer Kraft gesetzt, und so konnte die Zentralbank die Zinsen senken, ohne automatisch Inflationsgefahren heraufzubeschwören.

Eine lockere Geldpolitik aber hat stets einen zweiten Effekt, und der war so wirksam wie eh und je. Banken und Finanzindustrie konnten die niedrigen Zinsen nutzen, um ihre Geschäfte mit allem auszuweiten, was gerade Rendite versprach. Mal waren es

Aktien, mal Immobilien, mal Investitionen im Ausland. Die Wasserwerker im Leitstand der Fed hatten ein neues Überschwemmungsverfahren entwickelt: Wenn sie ihren Leitzins senkten, setzten sie nicht mehr die ganze Wirtschaft unter Wasser, sondern nur noch die Finanz- und Vermögensmärkte.

So kam es, dass in den Neunzigerjahren eine immer größere Menge an Liquidität um den Globus lief. Erzeugt wurde sie in Washington mit der Absicht, die Arbeitslosigkeit zu senken. Eingesetzt wurde die Geldschwemme weltweit, zur Freude der Finanzindustrie und anfänglich auch zum Nutzen vieler Schwellenländer, die mit dem zufließenden Kapital ihren wirtschaftlichen Aufbau finanzierten.

Geldflüsse sind segensreich, solange sie stetig und im Gleichmaß kommen. Verwandeln sie sich aber in reißende Ströme, können sie zur Gefahr werden. So war es auch mit der Geldschwemme der Neunzigerjahre, die bald die Absorptionsfähigkeit der jungen Industriegesellschaften in der ehemaligen Dritten Welt zu übersteigen begann.

Die erste Flut war in Südostasien zu beobachten. Eine halbe Billion Dollar waren bis 1997 in Länder wie Thailand, Südkorea oder Malaysia geflossen, wo sie einen beispiellosen wirtschaftlichen Aufholprozess nährten. Seitdem aber war der Boom vor allem deshalb ins Stadium der Überhitzung eingetreten, weil die Länder ihre Währungen fest an den Dollar gekoppelt hatten. Aktienkurse und Bodenpreise hatten schwindelnde Höhen erreicht, während immer mehr Fabriken brachlagen und Bürogebäude leer standen. Es kam zum Crash. Preise und Börsen brachen ein, die Investoren zogen ihr Geld ab, Banken und Finanzmärkte kollabierten und rissen ganze Volkswirtschaften in den Abgrund der sogenannten Asienkrise: erst Thailand, dann Malaysia und Indonesien, schließlich Südkorea.

Was folgte, war der erste Einsatz des Washingtoner Weltrettungskomitees. Das Trio Greenspan, Rubin und Summers setzte den Internationalen Währungsfonds in Marsch, der rund 40 Milliarden Dollar in die Region pumpte und die Tigerstaaten zu drastischen Sparmaßnahmen zwang. In vielen Ländern Südostasiens sanken die Einkommen, und die Arbeitslosigkeit stieg an, aus der Sicht Amerikas aber war es die erste erfolgreiche Demonstration der Mobbing-up-Strategie. Die Rettungsaktion konnte nicht nur verhindern, dass der Asien-Crash auf die entwickelten Industrienationen übergriff. Sie schützte auch die internationalen Finanzkonzerne, die aus der Krise weitgehend ungeschoren hervorgingen.

Ein Jahr später stürzte Russland in die Krise. Wieder hatten die Investoren ihr Geld abgezogen, wieder brachen die Börsen ein, wieder rief das Weltrettungskomitee den Währungsfonds und die Weltbank zu Hilfe. Ein Kreditpaket über 23 Milliarden Dollar wurde geschnürt, die russische Regierung musste sparen und die Steuern erhöhen.

Auf die weltweite Konjunktur wirkte sich die sogenannte Rubel-Krise kaum aus, doch diesmal geriet erstmals auch ein Wall-Street-Institut in den Strudel. Der Hedgefonds LTCM, von den beiden Wirtschaftsnobelpreisträgern Myron Scholes und Robert Merton als sogenanntes Finanztechnologieunternehmen gegründet, hatte sich mithilfe jenes Hebelverfahrens im Russlandgeschäft engagiert, das im weiteren Verlauf der Finanzkrise noch traurige Berühmtheit erlangen sollte. Rund zwei Milliarden Dollar hatte LTCM von Investoren eingesammelt, das Fondsvolumen mittels billiger Kredite aber auf über 1,25 Billionen Dollar aufgeblasen, vor allem durch Spekulationsgeschäfte mit russischen Staatsanleihen. Die Kursverluste aus dem Russland-Crash aber überstiegen alle Annahmen, mit denen die Manager ihre Computermodelle gefüttert hatten. LTCM stand vor dem Bankrott und – schlimmer noch – drohte einen Teil seiner Geldgeber mit in den Abgrund zu ziehen. Erstmals musste das Weltrettungskomitee eine Hilfsaktion innerhalb der US-Landesgrenzen starten. Die New Yorker Fed-Filiale trommelte im September 1998 die wichtigsten Wall-Street-Konzerne zusammen und zwang sie in einem bis dahin einzigartigen Gemeinschaftsverfahren, den notleidenden Fonds mit fast vier Milliarden Dollar aufzufangen. Der Crash der amerikanischen Finanzindustrie war abgewendet, doch zugleich hatte Washington den Geldmanagern ein unmissverständliches Signal gesetzt: Im Zweifel, so lautete die Botschaft, werden Wall-Street-Häuser gerettet, zumindest dann, wenn sie groß genug sind, das ganze System zu zerstören.

Welche Gefahren in dieser Zusage lauerten, sollte sich später erweisen. In den Vereinigten Staaten der Jahrtausendwende dagegen galt die LTCM-Sanierung als weiterer Erfolg ihres Feuerwehrkommandos, den Fed-Chef Greenspan mit seiner üblichen Maßnahme flankierte. Er senkte den Leitzins.

Diesmal floss das Geld nicht in ferne Schwellenländer, sondern in den vermeintlich zukunftsträchtigsten Zweig der US-Wirtschaft, die aufstrebenden Internet- und Computerunternehmen der sogenannten Dotcom-Industrie. Deren wichtigste Bauteile, die elektronischen Speicher und Prozessoren, wurden beständig billiger und leistungsfähiger, und so wurde in der westlichen Welt der Glaube an eine neue Ökonomie der Bits und Bytes genährt, in der die Erträge bei gleich bleibenden oder fallenden Kosten beständig gesteigert werden konnten. Die Computerbranche habe die uralten Gesetze der Knappheit überwunden und garantiere dauerhaftes Wachstum, predigten Ingenieure wie Ökonomen.

Es war die Botschaft eines »neuen Paradigmas«, der die Herde der internationalen Finanzanleger nur zu gern Gehör schenkte. Wieder wurden Milliarden investiert, wieder wurde die Gier geweckt, wieder baute sich eine Preisblase auf, diesmal am amerikanischen Aktienmarkt.

Bald waren kleine Internetfirmen, deren Betriebskapital aus nicht mehr als ein paar Computern bestand, mehr wert als große Industriekonzerne, zumindest auf dem Papier. In der Realität spielten die hochgewetteten Dotcom-Firmen meist nicht mal einen Bruchteil ihrer erwarteten Gewinne ein. Und so kam, was kommen musste. Im Sommer des Jahres 2000 brachen die Kurse an der Technologiebörse Nasdaq um fast 40 Prozent ein, gefolgt von einem scharfen Absturz der Konjunktur.

Das Platzen der New-Economy-Blase wurde allgemein als Lehrstück über technologische Hybris und unternehmerischen Hype aufgefasst. Kaum jemand wollte sehen, dass eine wesentliche Ursache für den Absturz auch in den Irrtümern einer sich allmächtig wähnenden Geldpolitik lag.

Zu den wenigen Experten, die das erkannten, gehörten die Ökonomen William White und Claudio Borio, die an der Bank für Internationalen Zahlungsausgleich in Basel forschten. Das Institut war in der Öffentlichkeit kaum bekannt, in der Welt der Geldpolitiker aber ist es eine erste Adresse. Hier wird ein wichtiger Teil des Devisenverkehrs unter den Zentralbanken abgewickelt, hier treffen sich Geldpolitiker aus aller Welt regelmäßig zum Meinungsaustausch. Ihre Volkswirte haben Zugriff auf die besten monetären Statistiken der Welt. So war es kein Wunder, dass die Baseler Ökonomen zu den ersten gehörten, die die Gefahren der US-amerikanischen Strategie des billigen Geldes erkannten.

Sicher, so räumten sie ein, die Inflationsgefahr war weitgehend gebannt. Aber dafür schuf die Niedrigzins-Strategie gefährliche Ungleichgewichte auf den Finanzmärkten. Gleich auf mehrere Weise lud sie

Banken und Investoren zum leichtfertigen Spekulieren ein. Von »Risikokanälen« sprachen die Ökonomen.

Zum einen, so argumentierten sie, erleichtern niedrige Zinsen die Schuldenaufnahme und senken die Kosten des Kapitaleinsatzes. Das macht das Spekulieren billiger. Zum anderen zwingen sie Pensionsfonds und Versicherungen, die ihren Kunden eine feste Rendite versprechen, möglichst riskante Investitionen zu tätigen. So wird die Zahl der Spekulanten erhöht. Und schließlich erleichtern sie das »Hebeln«, das Aufstocken eines Finanzmarktgeschäfts mit Fremdkapital. Das ist bei Hedgefonds im Devisenhandel üblich oder bei Beteiligungsgesellschaften, wenn sie eine Firma übernehmen. Denn solange der Kapitalmarktzins unter der Rendite liegt, die mit einem Geschäft zu machen ist, lohnt sich die Finanzierung über Darlehen. Je niedriger der Zins, desto besser wirkt der Hebel.

Damit nicht genug. Die Baseler Ökonomen erkannten, dass noch größere Gefahren im Aufräum-Modus der Greenspan'schen Geldpolitik lauerten. Finanzfirmen zu retten, weil ihre Pleite die gesamte Branche in den Abgrund ziehen könnte, belohnte nach ihrer Auffassung nicht nur diejenigen, die am skrupellosesten gezockt hatten. Es erhöhte auch den Anreiz, beim nächsten Mal ein noch größeres Rad zu drehen.

Die Gefahr steigender Preise werde durch den Schrecken ständiger Finanzmarktkrisen ersetzt, mahnten Borio und White. In Fachaufsätzen und auf Tagungen warnten sie vor den Gefahren der »Vermögenspreisinflation«, die zu schweren wirtschaftlichen Zusammenbrüchen mit anschließenden Schuldenkrisen, Bankenkrächen und Rezessionen führen können. Hinter dem Schleier einer vermeintlich stabilen Wirtschafts- und Preisentwicklung sahen sie gefährliche Instabilitäten entstehen, die das Potenzial hatten, die Weltwirtschaft in den Abgrund zu ziehen. Künftig, so forderten sie, müssten sich die Notenbanker wieder rechtzeitig »gegen den Wind lehnen« und Preisblasen entschlossen entgegenwirken.

Doch Greenspan und seine Fed-Kollegen mochten solche Warnungen nicht hören. Die Risiken von Finanzblasen, so argumentierten sie, würden durch höheres Wachstum ausgeglichen.

Außerdem hatten sie gerade andere Sorgen. Nach dem Dotcom-Crash war die Konjunktur dramatisch eingebrochen. Das Wachstum näherte sich der Ein-Prozent-Marke, und Washingtons Weltrettungskomitee, das jetzt nur noch aus Summers und Greenspan bestand, sah sich zum Einsatz an der Heimatfront genötigt. Werde nicht energisch gegengesteuert, so fürchtete der Notenbankchef, drohe die US-Wirtschaft in eine schwere Wirtschaftsflaute mit anhaltend sinkenden Preisen abzugleiten. So schlimm war der Einbruch, dass Greenspan sogar eine Deflation wie in den Dreißigerjahren oder eine lang anhaltende Stagnation für denkbar hielt. Ein Szenario, das seit Jahren in Japan zu besichtigen war.

Entsprechend massiv fiel seine Antwort aus. Vom Sommer des Jahres 2000 an senkte der Fed-Chef die

Zinsen innerhalb von nur eineinhalb Jahren von sechseinhalb auf unter 2 Prozent. Es war der stärkste Rückgang seit 1929. Der Zinssatz sackte auf das niedrigste Niveau seit den Siebzigerjahren. Greenspan hatte sein Sperrventil nicht einfach nur geöffnet. Er hatte es fast bis zum Anschlag aufgedreht.

Wieder wurde die Wirtschaft mit Liquidität aufgepumpt, wieder suchte sich das Geld ein neues Ziel. Diesmal war es der US-Immobilienmarkt, der mit der Zinshilfe der Fed und der Rückendeckung der Politik ein beispielloses Wachstum erlebte. Zwischen 1995 und 2004 wuchs die Zahl der Eigenheimhaushalte von 64 auf fast 70 Prozent. Die staatlichen Immobilienbanken Fannie Mae und Freddie Mac nahmen allein in den letzten beiden Jahren dieses Zeitraums mehr als ein Drittel neue Hauskredite in ihre Bücher.

Schon bald zog auch die US-Wirtschaft wieder an, und Greenspan, das letzte verbliebene Mitglied des Rettungskomitees, hätte die Zinsen eigentlich heraufsetzen müssen. Wäre er der sogenannten Taylor-Regel gefolgt, hätte er die Zinsen spätestens Anfang 2002 wieder erhöhen und innerhalb von 24 Monaten auf das Niveau von 5 Prozent führen müssen, wie der Erfinder der Formel, der US-Ökonom John Taylor, berechnet hat.

Doch Greenspan dachte gar nicht daran. Nach den Terroranschlägen des elften Septembers senkte er die Zinsen weiter, auf das historische Niedrigstniveau von etwas über 1 Prozent. Und, was wahrscheinlich noch folgenreicher war: Er beließ sie dort für fast zweieinhalb Jahre. Ein so niedriges Zinsniveau für eine so lange Zeit hatte es in der US-Geschichte kaum je zuvor gegeben. Für den Geldforscher Taylor gibt es keinen Zweifel. »Die Krise wurde durch monetäre Exzesse ausgelöst«, schreibt der Ökonom. Diese Auswüchse hätten in nichts anderem bestanden als »bemerkenswert niedrigen Zinssätzen«, die »zu lange beibehalten« worden seien.

Nun wurde es auch Greenspans Kollegen im Zentralbankrat allmählich blümerant. Die ersten versteckten ihre Zweifel hinter der Forderung, die Fed solle sich klarere Regeln für ihre Zinsbeschlüsse geben. Doch Greenspan wies das zurück. Dadurch, argumentierte er, würde die Notenbank nur an Flexibilität einbüßen.

Als die US-Investmentbank Goldman Sachs im Jahr 2004 vor Preisblasen auf dem Häusermarkt warnte, die viele Bürger in den Ruin treiben könnten, zeigte sich Greenspan ebenfalls unbeeindruckt. Der Immobilienmarkt sei vor Spekulationswellen geschützt, ließ der Fed-Chef wissen. Die Finanzen der Privathaushalte befänden sich in guter Verfassung.

Die Botschaft wurde begeistert aufgenommen. Wer will schon hören, dass mitten in der Party die Musik abgestellt werden soll? Die Unternehmen meldeten glänzende Geschäfte, die Politiker jubelten über die steigende Eigenheimquote, und die Finanzindustrie meldete Traumgewinne.

Sie hatte die jüngste Liquiditätswoge aus Greenspans Wasserwerk genutzt, um ihr weltweites Wertpapiergeschäft auf eine neue Stufe zu heben. Die

Investmentbanken füllten die von ihnen geschaffene Liquidität nicht mehr nur in Flaschen ab. Sie mixten neue Sorten, erfanden für ihre Produkte exotische Namen und nutzten die modernen Transportmittel, um das Vertriebsnetz weltweit auszudehnen. Der letzte Schrei aus den Labors der Finanzwirtschaft waren Papiere, die nur den Risikoteil eines Kreditgeschäfts enthielten und separat vom übrigen Vertrag gehandelt werden konnten. Es war, als hätte die Finanzindustrie gelernt, ihr Rohmaterial in Wasser- und Sauerstoff aufzuspalten und in separaten Gasbehältern zu transportieren. Das erhöhe die Sicherheit, behaupteten die Erfinder, und nur wenige waren sich bewusst, dass durch diese Vertriebsform die Unfall- und Explosionsgefahr eher steigen musste.

Doch auf solche Mahnungen mochte in den ersten Jahren des 21. Jahrhunderts niemand hören, alle feierten den Fed-Chef als Ziehvater des amerikanischen Wirtschaftswunders. Dass sich auf der Welle des billigen Geldes in der US-Ökonomie überall gefährliche Ungleichgewichte gebildet hatten, wurde in einer Art ökonomischem Patriotismus verdrängt. Die Vereinigten Staaten seien ein Sonderfall, hieß es in Washington. Wegen ihres weit fortgeschrittenen Finanzsektors könne die US-Wirtschaft auch solche Probleme abfedern, die in anderen Ländern früher oder später zum Crash führen würden.

Die Handelsbilanz war immer tiefer ins Minus gerutscht? Das sei kein Krisenzeichen, befand US-Finanzminister Paul O'Neill, sondern ein Hinweis auf die Attraktivität der Vereinigten Staaten als Investitionsstandort.

Die Banken hatten ihre Hypothekenkredite immer mehr in Wertpapiere umgewandelt? Kein Problem, argumentierte Fed-Chef Greenspan, so ließen sich die Risiken weltweit streuen.

Der Staat wirtschaftete immer mehr auf Pump? Nicht weiter schlimm, stellte Vizepräsident Dick Cheney fest, der weltweite Kapitalmarkt sei groß genug, um die Staatschulden aufzukaufen. »Defizite spielen keine Rolle«, teilte er mit.

In Wahrheit befand sich die US-Wirtschaft in der zweiten Hälfte des vergangenen Jahrzehnts im Niedergang. 1999, als das Team Rubin-Summers-Greenspan seine Erfolge feierte, strotzte die US-Ökonomie noch vor Kraft. Doch seither waren hinter dem Schleier eines beispiellosen Konsumwunders die Fundamente der Wirtschaft brüchig geworden.

Der Staat häufte immer mehr Schulden auf, Privathaushalte und Unternehmen lebten auf Pump, die Finanzindustrie saß auf einem Berg fragwürdiger Kredite. Zehn Jahre nach den ersten Einsätzen des Weltrettungskomitees glichen die USA ökonomisch in vielerlei Hinsicht jenen Ländern, denen sie damals zur Hilfe eilen mussten.

Im Januar 2006, als Greenspan nach fast 20 Amtsjahren abtrat, wurde der Fed-Chef als jener Mann gefeiert, der den USA niedrige Arbeitslosenzahlen und einen stabilen Finanzmarkt beschert hatte. Es sollte eine Zeit lang dauern, bis das Bild Flecken bekam.

Die Tränen des Barney Frank

Am Ende konnte Barney Frank die Tränen nicht mehr zurückhalten. Viele Monate hatte der demokratische Kongressabgeordnete über den sogenannten Wall Street Reform and Consumer Protection Act verhandelt, das zentrale Gesetzesvorhaben zur schärferen Regulierung der Banken, zu mehr Verbraucherschutz im Finanzgeschäft und zu soliderer Finanzmarktpolitik. Nun sollte als letzter Schritt darüber abgestimmt werden, ob das 849 Seiten starke Konvolut seinen Namen und den seines Koautoren Chris Dodd tragen sollte, eines demokratischen Senators aus dem Bundesstaat Connecticut.

Frank weinte vor Rührung, weil der Antrag angenommen wurde. Spötter dagegen sahen in seinem Gefühlsausbruch eher ein Zeichen von Enttäuschung. Denn das sogenannte Dodd-Frank-Gesetz hat eines nicht bewirkt: Es hat nicht mit dem Irrglauben aufgeräumt, dass ein Land wie die USA seine Großbanken um fast jeden Preis fördern muss. Zwar gab es nun neue Paragrafen zur Aufsicht von Banken und Hedgefonds, und es wurden Modalitäten formuliert, nach denen die Banken ihr Rettungsgeld im Falle eines Falles zurückzahlen sollen. Doch es war nicht der versprochene Anlauf, ein stabiles Fundament für den amerikanischen Finanzmarkt zu legen. Allein die Citygroup, die zum Zeitpunkt der Verhandlungen zu dem Gesetz immerhin teilweise im Eigentum des

Staates war, hatte 46 Lobbyisten angeheuert, um die schlimmsten Regulierungsvorhaben zu Fall zu bringen. Insgesamt, so klagten Bankenkritiker, hätten sich die Mächtigen der US-Wirtschaft die Arbeit gegen das Gesetzeswerk 344 Millionen Dollar kosten lassen. Nur wenige Jahre, nachdem der Staat sie mit einem Milliardenaufwand retten musste, waren die Banken zum »Business as usual« zurückgekehrt. Das schloss rege Lobbyarbeit in Washington selbstverständlich ein.

So kam es, dass in den letzten Nächten vor der Einigung nicht nur die Politiker am Verhandlungstisch saßen. Hinter ihnen saßen die Berater der verbliebenen Großbanken. In den Verhandlungspausen sorgten die Lobbyisten für Snacks und Getränke und natürlich immer wieder für die Expertise. Und so blieb es dabei, dass die marktführenden US-Banken noch immer mit staatlicher Hilfe rechnen dürfen, wenn sie in Schieflage geraten. Auch die Ermächtigung des Dodd-Frank-Acts, Banken im Notfall aufspalten zu können, steht bisher nur auf dem Papier. Zu groß war die Sorge der Politik, durch zu harte Auflagen einen der neuen Hauptwachstumsträger für die US-Wirtschaft abzuknipsen. So trug die Finanzindustrie 1978 erst 3,5 Prozent zum Nationaleinkommen der USA bei. 2007 waren es schon fast 6 Prozent. Der Anteil der Banken an allen Unternehmensgewinnen erreichte im vergangenen Jahrzehnt sogar bis zu 40 Prozent. Die Banken waren die erfolgreichste Branche der US-Wirtschaft.

Eine effizientere Art, Geld zu verdienen, schien es niemals zuvor gegeben zu haben. Es sah so aus, als hätten die USA das Rezept gefunden, wie sich aus der klassischen Industriewirtschaft in Geschäftsfelder vorstoßen ließ, die mit den Renditeaussichten traditionellen Wirtschaftens nur noch wenig zu tun hatten. Nicht mehr das Zusammenschrauben von Autos an langen Fließbändern sollte das Symbol der amerikanischen Schaffenskraft sein. Von jungen, intelligenten Bankleuten bevölkerte Großraumbüros sollten das neue Amerika prägen. Finanzdienstleistungen statt alte Industrie – das war das Rezept, um das die USA international beneidet wurden.

Das Wohl der Banker schien dem Wohl der Allgemeinheit zu entsprechen, und so erklärte Washington die Förderung der Finanzindustrie zum Staatsziel. Die Allianz zwischen Investmentbankern und der Politik funktionierte prächtig. Allein die personellen Verflechtungen zwischen Washington und der New Yorker Wall Street waren so eng, dass ein mächtiges Kartell entstand. Unter den Chefs der Investmentbank Goldman Sachs wurde es beispielsweise zur gern gepflegten Tradition, nach dem Ausscheiden aus dem millionenschweren Managerjob erst einmal Dienst für die Gesellschaft zu tun: Robert Rubin wechselte als Finanzminister in das Kabinett des demokratischen Präsidenten Bill Clinton, Jon Corzine versuchte sich als Gouverneur des Staates New Jersey, bevor er mit dem Investmentunternehmen MF Global im November 2011 spektakulär Schiffbruch erlitt.

Henry Paulson schließlich, Chef von Goldman Sachs bis 2006, trat als Finanzminister in die Regierung von George W. Bush ein. Spektakulär waren die Wechsel zwischen Goldman Sachs und der Politik, kaum weniger aufsehenerregend die zwischen anderen Finanzunternehmen und Washington. Fed-Chef Greenspan etwa übernahm nach seiner Amtszeit ein Beratungsmandat für den Investmentfonds Pimco, einer Tochter der Allianz. Pimco war zeitweilig der größte Investor in US-Staatsanleihen weltweit.

In Europa wurden derlei Verflechtungen lange neidvoll beäugt. Einen Finanzminister zu haben, der es auch in der freien Wirtschaft zu etwas gebracht hatte, wurde als Ausweis größter persönlicher und materieller Unabhängigkeit gesehen – im Gegensatz zu den piefigen Parteiarbeitern, die beispielsweise in Deutschland Karriere auf dem Posten machten. Dass die vermeintliche Unabhängigkeit der amerikanischen Finanzminister oft nur eine Unabhängigkeit vom politischen Amt, keineswegs aber eine von den Interessen der Wall Street war, wurde erst später offenbar. Dasselbe galt für die Wirtschaftswissenschaftler, die scharenweise als Angestellte in das Finanzministerium wechselten. Es gibt bis heute kaum einen US-Ökonomen von Rang, der nicht irgendwann einmal auf der Gehaltsliste der US-Regierung stand oder doch zumindest ein Beratungsmandat hatte.

Dass in dieser Melange ganze Zweige der Nationalökonomie reüssierten, die mathematisch genau vorrechneten, warum von allen Zwängen freie Märkte besser funktionieren, konnte nicht wirklich überraschen. Wer die Frage nach der Rolle des Staates stellte, bekam logischerweise eine knappe Antwort: Rückzug. So entwickelten sich die Achtziger- und Neunzigerjahre, vor allem aber die ersten Jahre des neuen Jahrtausends zu einer gewaltigen Party für den Finanzsektor.

Ausgangspunkt der Entwicklung war die verbreitete Ansicht, dass die Finanzbranche von allen Fesseln befreit werden könne. Kreditinstituten vorzugeben, wie viel Eigenkapital sie halten sollten, schien schon deshalb überflüssig, weil zum ersten Mal in der Geschichte der Menschheit Geld nahezu schrankenlos weltweit eingesammelt und ausgegeben werden konnte. So war es möglich, auch nur kleinste Zinsunterschiede rund um den Globus für die eigene Anlagestrategie zu nutzen. Banken und Staaten konnten sich, so schien es, unbegrenzt zu niedrigsten Zinsen refinanzieren.

Dazu kam die Revolution der Informationstechnik: Sie trug in zweifacher Weise zu dem Glauben bei, dass Kontrollen und Regulierungen auf den Finanzmärkten nicht mehr wirksam sein könnten. Erstens, so argumentierten die Befürworter eines freien Kapitalmarkts gern, seien die Kontrolleure immer zu langsam, zu schlecht ausgebildet und mit zu schwachen Rechnern versehen, um der Wall Street Paroli bieten zu können. Zweitens aber habe das Zeitalter der Informationstechnik selbst dazu beigetragen, dass die Krisenwahrscheinlichkeit weltweit enorm gesunken sei. Rechner handeln immer rational, und am Ende behält der Markt recht, das waren zwei der Grundannahmen der Deregulierer. Weil ein großer Teil des Handels nicht mehr von Menschen, sondern von Maschinen gemacht würde, die nur durch die Algorithmen gesteuert würden, die man in ihre Software geschrieben habe, verblasse der menschliche Faktor. Zum Wohl der Marktwirtschaft und der Menschen.

Das war ein Irrtum. Denn der menschliche Faktor mag in den einzelnen Handelsoperationen keine große Rolle mehr spielen. Umso wichtiger aber ist er bei der Entscheidung, mit welchen Algorithmen die Handelscomputer gefüttert werden.

Das falsche Vertrauen in die Rationalität von Menschen und Anlegern hatte allerdings von Anfang an weiter reichende Folgen. Es führte zu einer neuen Strategie in der US-Wirtschafts- und Finanzpolitik, die auf einen völligen Rückzug des Staates in möglichst weiten Bereichen des wirtschaftlichen und gesellschaftlichen Lebens setzte. »Die Regierung ist nicht die Lösung der Probleme. Die Regierung ist das Problem.« So formulierte nicht ein übergeschnappter Volkswirt, sondern der damalige Präsident Ronald Reagan den neuen Auftrag des Staates. Aus einer tatsächlich vorhandenen politischen Aufgabe, dem Abbau überflüssiger und schädlicher Regulierungen, wurde eine Doktrin. Nach dem Motto »Alles muss weg« kannten Republikaner wie Demokraten nur eine Antwort, wenn sich die Finanzindustrie über übermäßige Hürden im Vergleich zu den europäischen, japanischen oder auch nur den nationalen Wettbewerbern beschwerte. Die Regeln wurden gemildert, geändert und schließlich aufgegeben. Die Schlüsselfigur war hier, über die Regierungszeit von Ronald Reagan, George Bush, Bill Clinton und George W. Bush hinweg, Fed-Chef Greenspan.

Ideologie war nur einer der Treibsätze für die Deregulierung, und nicht einmal der wichtigste. Genauso bedeutend war der Wettbewerb zwischen den verschiedenen Sektoren der Finanzindustrie, die in den USA traditionell strikt getrennt waren. Es gab Brokerhäuser, die im Auftrag ihrer Kunden an der Börse handelten. Es gab Geschäftsbanken und Sparkassen, die sich vor allem mit Einlagegeldern finanzierten. Und es gab Investmentbanken und Geldmarktfonds, die für Unternehmen und vermögende Privatanleger riskante Finanzgeschäfte organisierten. Die einzelnen Zweige der Finanzindustrie hatten jeweils eigene Aufsichtsbehörden und gut organisierte Lobbys, die vor allem ein Interesse verfolgten: mögliche Wettbewerbsvorteile des Konkurrenzsystems auszugleichen.

So hatte bereits 1975 die amerikanische Börsenaufsicht das System fester Provisionen für Brokerhäuser gekippt. Das war sinnvoll, denn erst von diesem Zeitpunkt an gab es echten Wettbewerb unter den Börsenmaklern. Für die Firmen aber, die bisher als Kartell die Wall Street beherrscht hatten, brach eine harte Zeit an. Neue Wettbewerber wurden aktiv, die

Provisionen verfielen, alte Platzhirsche mussten nach neuen Geschäftsfeldern suchen.

Entsprechend wollten sich Unternehmen wie Merrill Lynch oder Fidelity, die bis dahin als reine Börsenbroker gearbeitet hatten, potenziellen Kunden nun auch als Investmentfirmen andienen. Versicherungen und andere Institutionen mit hohem Anlagebedarf waren ziemlich empfänglich für Angebote mit üppiger Rendite. Bisher waren sie mit maximal 6 Prozent Zinsen abgespeist worden, so wollten es die Regulierer der Sparkassen und Geschäftsbanken. Das war eine Lehre aus der Weltwirtschaftskrise gewesen, die nach Überzeugung der US-Politiker auch durch überhöhte Renditeversprechen ausgelöst worden war. Doch nun, bei Inflationsraten, die nach dem Ölpreisschock von 1973 und Ende der Siebzigerjahre die Zehnprozentmarke überschritten, war kaum noch jemand bereit, sein Geld zu Niedrigstzinsen auf die Bank zu tragen.

Kein Wunder, dass die Investmentbanken erfolgreich in das neue Geschäft starteten. Sie arbeiteten fast wie normale Banken – mit einem entscheidenden Unterschied: Sie unterlagen nicht dem Einlagensicherungsfonds Federal Deposit Insurance Corporation (FDIC). Das hieß zwar für Anleger, dass sie im Fall einer Bankenpleite mit einem Totalausfall ihrer Einlagen rechnen mussten. Auf der anderen Seite aber konnten sie damit rechnen, dass die Renditen zumindest kurzfristig in der Nähe der Inflationsrate lagen.

Die erste wichtige Säule des Schattenbankensystems in den USA war entstanden – und absorbierte gleich eine Menge Anlagekapital: 1977 verwalteten die Wall-Street-Institute noch vergleichsweise bescheidene drei Milliarden Dollar. 1995 hatten sie schon 740 Milliarden in ihren Büchern, und im Jahr 2000 waren schon 1,8 Billionen Dollar bei ihnen angelegt. Inzwischen haben die Schattenbanken die Geschäftsbanken, Sparkassen und Genossenschaftsbanken in den USA an Größe bereits eingeholt.

Mit den Einlagesummen wuchs auch der Hunger der Institute nach neuen Finanzprodukten. Sie engagierten sich im Markt für kurzfristige Unternehmensanleihen und sie entdeckten die Repogeschäfte, bei denen zumeist festverzinsliche Wertpapiere mit gleichzeitiger Rückkaufgarantie ausgegeben werden.

Schon bald nach der Entdeckung dieses Marktes kam es zu den ersten Krisen. Nachdem im Jahr 1982 manche Großschuldner nicht mehr in der Lage waren, den Rückkauf zu finanzieren, wurden später Clearingbanken zwischengeschaltet. Jetzt trug also nicht mehr der Kreditnehmer selbst das Risiko, sondern die Clearingstelle – was die Sache, wie sich später zeigen sollte, keineswegs stabiler machte.

Zunächst aber war von solchen Verwerfungen nichts zu spüren, im Gegenteil. Jetzt jammerten die Banken und Sparkassen, dass ihnen diese Geschäfte verschlossen blieben, während die ehemaligen Broker sie machen durften. Deshalb verlören sie täglich Kunden, die keine Lust mehr auf die mageren Zinsen im Traditionsgeschäft hatten. In der Tat: Um die Jahrtausendwende hatten die Investmenthäuser und Geldmarktfonds im Finanzmarkt der USA erstmals mehr Anlagekapital zur Verfügung als die Banken: rund 13 Billionen Dollar. »Die hatten einen Freifahrtschein«, fasste der Vorgänger Alan Greenspans, Exnotenbankchef Paul Volcker, nach dem Crash zusammen.

Zwar durften auch die Banken seit Beginn der Achtzigerjahre mit höheren Zinsen locken, was viele Kunden bewog, wieder zu den Geldhäusern zurückzukehren. Nur: Mit langfristigen Darlehen an Unternehmen und Eigenheimbesitzer, immer noch das klassische Geschäft der Banken und Sparkassen, ließ sich nicht mehr so viel verdienen. Vor allem die vergleichsweise strengen Eigenkapitalvorschriften störten die klassischen Banken; die Investmenthäuser kannten diese Vorschriften nicht. Das machte die Kredite der klassischen Banken teurer und begrenzte ihr Geschäft.

Auch hier wurde den Banken geholfen, mit fatalen Folgen. Denn je laxer die Vorschriften für das Eigenkapital gefasst wurden, desto höhere Risiken gingen die Geldhäuser ein. Sie finanzierten zunehmend Geschäfte in den Wachstumsmärkten Lateinamerikas und Asiens. Sie stiegen in die Finanzierung des Öl- und Gasgeschäfts ein. Sie investierten in Internet-Unternehmen und machten sich daran, das Übernahmegeschäft als neues Betätigungsfeld zu entdecken. Aus einem Geschäft mit langfristigen Verbindlichkeiten und schmalen Margen wurden nach und nach auch bei den Filialbanken kurzfristige Wetten mit hohen Renditen und hohem Risiko.

Am Anfang durften die Geschäftsbanken nur einen kleinen Teil ihres Geschäfts in nicht banküblichen Papieren abwickeln. Damit aber ließe sich überhaupt nicht konkurrieren, beschwerten sie sich. Nach und nach durfte es dann bis zu ein Viertel des Umsatzes sein. Gleichermaßen wohlwollend wie getrieben vollzogen die Regulierer und die Bankenaufsicht immer das nach, was die Geschäfts- und die Investmenthäuser verlangten. Mal war es die traditionelle Bankenseite, die über Wettbewerbsverzerrungen klagte. Mal waren es die Schattenbanken. Die Antwort Washingtons war am Ende immer dieselbe: Regelungen wurden gelockert, Vorschriften aufgehoben, die Kontrolle großzügiger gehandhabt, immer mehr Produkte wurden zum Handel an den Börsen zugelassen.

Es ging um Produkte und Handelsformen, die, um es vorsichtig auszudrücken, nicht alle verstanden und schon gar nicht beherrschten. Dennoch stürzten sich die Banker mit großer Begeisterung auf die deregulierten Märkte – und fuhren hohe Verluste ein. Umgekehrt drangen Fonds und Versicherungen in großem Stil in das Geschäft mit Immobilienkrediten ein, das sie ebenfalls nicht gut beherrschten. Am Ende der Übertreibung bekamen Kunden mit miserabler Bonität Kredite, die sie nach menschlichem Ermessen nicht würden bedienen können. Ausgereicht wurden diese Darlehen zu einem großen Teil von Finanzinstituten, die das Geschäft erst seit ein paar Monaten betrieben. Abgesichert wurden sie mit Derivaten, die diejenigen, die sie zuließen, ganz offensichtlich nicht verstanden hatten. Und die, die sie kauften, auch nicht.

Vermutlich hätte eine effiziente Finanzmarktaufsicht das Schlimmste verhindern können. Doch selbst hier, auf einem ideologisch eigentlich unverdächtigen Feld, herrschte die Vorstellung, dass Kontrolle schädlich ist. Während die Börsenaufsicht SEC ihren Einfluss auf die Unternehmen nach und nach ausweitete, verlor die Aufsicht von Banken und Geldhäusern an Einfluss. Nicht, dass es zu wenig Aufseher gegeben hätte. Vier Seiten inklusive Fußnoten umfasste die Liste von Behörden, Dienststellen und Aufsichtsgremien, die die US-Finanzindustrie im Jahr 2005 unter Kontrolle hielten. Die Notenbank selbst fungierte als Aufseher, das Finanzministerium ebenfalls. Die Investmentbanken wurden von der SEC kontrolliert. Den Sparkassen guckte eine spezielle Kontrollbehörde auf die Finger, auch für die Genossenschaftsbanken existierte eine Extra-Aufsicht. Dazu gab es noch einen Rat der Aufseher, damit man wenigstens die wirklich wichtigen Institute nach einheitlichen Richtlinien kontrollieren konnte.

Das gelang aber nur selten, weil die Interessen der einzelnen beteiligten Gruppen zu weit auseinander lagen. Zum Beispiel bei den Eigenkapitalvorschriften, die im Rahmen des Basel-II-Abkommens verhandelt worden waren. Die US-Notenbank hatte mit am Ver-

handlungstisch gesessen und lautstark Sicherungs-
mechanismen für das Kreditgewerbe verlangt. Doch
als die internationalen Finanzaufseher beschlossen
hatten, verbindliche Mindestquoten für Banken und
Geldhäuser festzulegen, waren die US-Sparkassen-
aufseher schon lange nicht mehr dabei. Sie lehnten
Basel II ab, weshalb das Regelwerk in den USA nicht
eingeführt wurde und die Eigenkapitalausstattung
der Geldhäuser skandalös niedrig blieb.

Das Schönste aber von allem für die Banken war:
Im Zuge der Deregulierung der Finanzmärkte wurden die vielen Behörden nicht etwa aufgelöst, die
Aufsicht keineswegs vereinheitlicht. Intransparenz
wurde zum Wettbewerbsvorteil: Denn die Banken
durften nach und nach selbst entscheiden, von wem
sie gerne beaufsichtigt werden wollten. Das hat ihnen
gut gefallen. Der Stabilität und der Überlebensfähig-
keit der Institute hat es leider nicht genutzt.

Ein Haus aus Pappe

Der Ingenieur aus Deutschland arbeitete schon lange
in Houston und fühlte sich durchaus vertraut mit
dem American Way of Life. Doch der Anruf, den er vor
ein paar Jahren von seinem Bankberater erhielt, war
eine Überraschung. Ob er an einem Kredit in Höhe
von 200 000 Dollar interessiert sei, wollte der Anrufer
wissen. Kredit?, wandte der Deutsche entgeistert ein,
er benötige keinen Kredit.

Das möge er sich doch noch einmal überlegen, insistierte der Banker. Ob er sich nicht einen größeren Geländewagen wünsche, eine neue Wohnzimmereinrichtung oder ein Ferienhaus am Meer? Schon möglich, entgegnete der Ingenieur, aber er verfüge über keinerlei Sicherheiten. Das sei das geringste Problem, erwiderte der Banker, Sicherheiten seien nicht so wichtig. Dafür könne er ihm einen günstigen Zinssatz bieten.

Der deutsche Manager wies das Angebot zurück, doch damit gehörte er zu einer Minderheit in Texas. Gewöhnlich gibt es erst den Wunsch nach einem Haus oder einem Auto und dann die Frage, wie das Objekt der Begierde finanziert werden kann. Im Niedrigzinsland USA aber war es Anfang des Jahrtausends umgekehrt. Da gab es erst den billigen Kredit und dann die Frage, was sich damit anfangen lässt.

Eine Verkehrung der Verhältnisse war zu besichtigen, für die die US-Verbraucher weltweit beneidet wurden. Sie waren bis über beide Ohren mit Konsumentenkrediten verschuldet – und konnten trotzdem Shopping gehen. Sie hatten kein festes Einkommen – und bekamen trotzdem einen Vorzugskredit für das gewünschte Eigenheim.

Es ist eine Ironie der Geschichte, dass das amerikanische Desaster ausgerechnet da begann, wo im Kampf gegen die Verheerungen der Weltwirtschaftskrise der damalige US-Präsident Franklin D. Roosevelt aufgehört hatte: beim Eigenheim. Roosevelt hatte in den Dreißigerjahren des vergangenen Jahrhunderts mit dem »New Deal« nicht nur neue Kriterien für das Funktionieren und den Zusammenhalt der amerikanischen Gesellschaft formuliert.

Er wollte den durch die Krise desillusionierten und verarmten Mittelschicht-Amerikanern auch neue Sicherheit und neues Selbstbewusstsein verschaffen. Mit dem ersten amerikanischen Eigenheimprogramm trieb er das Ziel einer breiten Vermögensbildung benachteiligter und verarmter Schichten voran. Er legte damit auch den Grundstein für ein besonderes Verhältnis der Regierung zu den Banken, die die Immobilienkredite finanzierten. Fannie Mae, die »Federal National Mortgage Association«, wurde 1938 gegründet. Eine Staatsbank, die nichts anderes zu tun hatte, als Immobilienkredite auszureichen. 1970 kam Freddie Mac dazu. Beide Institute wurden zu diesem Zeitpunkt als halbstaatliche Immobilienfinanzierer geführt. Auch bei ihnen setzte seit den Siebzigerjahren ein klarer Trend ein: Die Auflagen, nach denen Fannie Mae und Freddie Mac Darlehen finanzieren durften, wurden nach und nach gelockert, um möglichst breiten Schichten in den USA den Zugang zu einem eigenen Haus zu ermöglichen.

Ein eigenes Haus ist ein unverzichtbarer Teil des amerikanischen Traums, es aus kleinen Verhältnissen nach oben zu bringen. In den eigenen vier Wänden zu wohnen ist der Inbegriff des Mittelschichtlebens. Wer das geschafft hat, gilt als Stütze der Gesellschaft. Wer dagegen keine Aussicht auf Wohneigentum hat, gilt in den Vereinigten Staaten als dauerhaft benachteiligt und gesellschaftlich isoliert.

Alle Präsidenten der Vereinigten Staaten haben an die stabilisierende Wirkung von Wohneigentum auf die amerikanische Gesellschaft geglaubt und daraus Schlussfolgerungen für die eigene Politik gezogen. Vor allem nach schweren Wirtschaftskrisen, die Teile der amerikanischen Bevölkerung mittellos zurückließen, rückte die Förderung des Eigenheims vom Rand der politischen Aufmerksamkeit ins Zentrum.

Der demokratische Präsident Jimmy Carter und der Republikaner Ronald Reagan haben aus diesem amerikanischen Traum ein Förderprogramm gemacht, Bill Clinton hat es in den Neunzigerjahren auch für die Benachteiligten und Armen geöffnet.

Die USA hatten es bitter nötig. Der Niedergang der klassischen Industrien am Ausgang des vergangenen Jahrhunderts drohte große Teile der Gesellschaft dauerhaft vom wirtschaftlichen Fortschritt und Wachstum abzuhängen. Ganze Stadtviertel der Mittelschicht verarmten, als die großen Autohersteller in Detroit, die Nahrungsmittelindustrie in Chicago oder der Flugzeugbauer Boeing in Seattle die Fertigung herunterfahren mussten.

Die Banken antworteten auf diese Verarmung mit dem sogenannten Redlining. Sie gaben in bestimmten Stadtvierteln, die auf den Landkarten mit einer roten Linie umkreist wurden, einfach keinen Kredit mehr.

Clinton verpflichtete die Immobilienfinanzierer, ihr Portfolio zu mischen. Sie mussten den Aufsichtsbehörden gegenüber nachweisen, dass sie nicht nur denen Kredit gaben, die ihn schon immer bekommen hatten. Auch Farbige und Hispanics, Alleinerziehende und Benachteiligte sollten Häuser kaufen können, auch arme Wohngegenden sollten in der Hausfinanzierung bleiben. Der heutige demokratische Präsident Barack Obama, der jetzt die Folgen der Immobilienkrise politisch zu bewältigen hat, machte damals als Anwalt der Benachteiligten Karriere. Er verklagte Dutzende Finanzinstitute wegen Diskriminierung.

Um den Immobilienfinanzierern die Entscheidung über solcherart riskante Kredite nicht zu schwer zu machen, wurden die Anforderungen gelockert, Immobilienkredite mit Eigenkapital zu unterlegen. Außerdem setzte die Immobilienwirtschaft durch, dass sie die Risiken verbriefen und weiterreichen durfte. Die Banken bündelten die Kredite zu Finanzpaketen und verkauften sie, so ähnlich wie Aktien, weiter. So konnten sie das Risiko in den eigenen Büchern klein halten. Auf der anderen Seite bewarben sich viele Käufer um die Pakete – sie wollten vom amerikanischen Immobilienboom profitieren, ohne selbst das Risiko eines konkreten Hauses auf sich nehmen zu müssen.

Die Verbriefung war seit Beginn der Siebzigerjahre erlaubt, wurde aber erst in den Achtziger- und Neunzigerjahren wirklich bedeutend. Sie folgte einem

Gedanken: Wenn man davon ausgeht, dass in Ländern mit wachsender Bevölkerung der Bedarf an neuen Häusern und Wohnungen in der Tendenz steigt, dann kann man auch davon ausgehen, dass Häuser nie ganz an Wert verlieren, auch wenn ein Schuldner seinen Kredit nicht bedienen kann.

In den USA spekulierte man, dass mindestens ein Drittel des Werts eines Hauses immer, auch im Fall der schlimmsten Krise, erhalten bleibt. Deshalb spalteten die Banken dieses eine Drittel des Hauswertes ab, bündelten es mit gleichartigen Kreditteilen anderer Häuser schlechter Schuldner und machten daraus ein Wertpapier. Das bekam Bestnoten von den Ratingagenturen, die wie alle davon ausgingen, dass ein Drittel der Bausumme immer zu erlösen sein würde und sich Inhaber dieser Papiere im Konkursfall zuerst bedienen durften.

Die Papiere wurden zu entsprechend hohen Kursen gehandelt. Die anderen Bestandteile der Hauskredite wurden ebenfalls verbrieft, neu gemischt und zu Papieren für Anleger verpackt: Weil diese Papiere dann nach Regionen neu zusammengestellt, nach bestimmten Siedlungsformen sortiert oder aber durch andere Pakete verbürgt wurden, fand sich immer ein Grund, sie positiv zu bewerten, dem Portfolio insgesamt also ein kleineres Risiko zuzuweisen als seinen Bestandteilen. Das galt auch und erst recht für den schlechtesten Teil des Risikos, den echten Schrottanteil an einer Immobilie – »subprime«. Solange man eine Wette darauf einging, dass die Immobilienpreise insgesamt weiter hübsch bergauf marschierten, gab es nur gute Risiken.

Der Markt für solche Immobilienderivate – die vom US-Starinvestor Warren Buffett gerne schon einmal Massenvernichtungswaffen genannt wurden – explodierte. 1996 gab es noch kaum solche Papiere. Zehn Jahre später aber hatten sie bereits ein Marktvolumen von nahezu zwei Billionen Dollar.

Außerdem wurde durch das Verbriefungsgeschäft aus einer vergleichsweise trägen Angelegenheit, einem Immobilienkredit, ein handelbares Wertpapier, das sich schnell umschlagen ließ. Die Finanzierer hatten schneller wieder Geld für neue Hauskredite zur Verfügung. Besser noch: Indem sie die Wertpapiere als Mortgage Backed Securities (MBS) verkauften, schufen sie auf der einen Seite die Illusion, hier handele es sich um etwas Ähnliches wie ein ganz solides Hypothekenpapier. Im Gegensatz zu echten Hypothekenpapieren aber waren bei den MBS die Banken aus dem Schneider, die die Papiere verkauften. Der Eigentümer hatte im Fall des Scheiterns nur einen Anspruch auf die Immobilie, aber keinen Rechtstitel gegen die Bank. Das war sehr im Sinne der US-Regierungen, denn so konnten noch mehr Arme und Benachteiligte noch schneller zu Hauseigentum gebracht werden.

Das eigene Haus für möglichst breite Schichten der Bevölkerung hat die amerikanischen Bürger über die wachsende Ungleichheit im eigenen Land hinweggetröstet. Es hat sie damit versöhnt, dass die klassische

Wirtschaft, die Industrie, die Landwirtschaft, immer weiter hinter die Finanzindustrie zurückfiel. Es hat sie ertragen lassen, dass in den ersten Jahren des neuen Jahrtausends die Schere zwischen den Armen und den Superreichen immer weiter aufging. Denn richtig gut verdient wurde nur noch in ausgewählten Branchen der US-Ökonomie. In diesen heißen Kernen der Volkswirtschaft, dem Finanzsektor, der Software- und Internetindustrie, der Biotechnologie, wurden die Mitarbeiter und Manager immer schneller immer reicher. In den anderen Branchen ging es, wenn überhaupt, nur noch langsam voran.

So besehen, war das Subprime-Wunder eine Art Sozialpakt auf amerikanisch. Anders als in Europa basierte der Arm-Reich-Ausgleich nicht auf Steuer- und Sozialprogrammen, sondern auf einer möglichst flächendeckenden Bereitstellung billigen Kredits für billige Häuser. Die ganze Welt wurde angepumpt, um die auseinanderstrebende US-Gesellschaft wenigstens noch eine Weile zusammenzuhalten.

Das oberste 1 Prozent der US-Bevölkerung steigerte zwischen 1979 und 2007 das Einkommen inflationsbereinigt um 275 Prozent. Die Mittelschicht dagegen konnte gerade mal 40 Prozent draufsatteln. Ganz zu schweigen von denen, die aus der Mittelschicht abstiegen, weil sie arbeitslos wurden oder weil die klassischen Industriebranchen selbst in den besten Zeiten des Wirtschaftswachstums in den mittleren Qualifikationen keine Lohnsteigerungen boten. Wie nie zuvor in der US-Geschichte konzentrierte sich der gesellschaftliche Reichtum in den Händen einer kleinen Klasse von Begüterten. Zehn Jahre nach dem Start der größten Kreditexpansion der US-Geschichte besaßen die 400 reichsten Amerikaner ein größeres Vermögen als die unteren 150 Millionen.

Die Lebenserwartung der Reichen war in derselben Zeit weiter angestiegen, während die Mittelklasse kaum noch erwarten konnte, viel länger und gesünder zu leben als ihre Elterngeneration. Selbst bei der Ausbildung, der klassischen Aufstiegsmaschine der USA, fielen die unteren und mittleren Schichten zurück.

Schlimmer noch: Die Vorstellung, in den USA könne es grundsätzlich jedermann vom Tellerwäscher zum Millionär bringen, wurde in den vergangenen 20 Jahren gründlich enttäuscht. Heute ist es in Teilen Europas leichter, aus den untersten Einkommensschichten in die oberste aufzusteigen, als in den USA.

Das hat Folgen weit über die soziale Mobilität hinaus. Früher haben die Amerikaner ihre Reichen im Großen und Ganzen bewundert. Sie galten ihnen als Beweis dafür, dass man es mit Tüchtigkeit, Fleiß und einer wirklich guten Idee sehr weit bringen kann. Reichwerden war eine Möglichkeit, die auch den Armen als Perspektive erreichbar schien. Die USA waren der Inbegriff der offenen Gesellschaft. Das hat sich geändert. Die Wahrscheinlichkeit aufzusteigen ist heute geringer als in jeder Generation des 20. Jahrhunderts. Auch deshalb ist die USA-typische Akzeptanz von Einkommensunterschieden von einer wachsenden Skepsis gegenüber den vom Rest des Landes abgeschotteten Bewohnern von »Richistan« abgelöst worden. »Das Problem von Amerika ist, dass es nicht mehr wie Amerika ist«, befand die Londoner *Financial Times*.

Auch der frühere Finanzminister Larry Summers stellt inzwischen reichlich ernüchtert fest: »Es ist nicht mehr so, dass Wirtschaftswachstum automatisch auch zu Einkommenssteigerungen für die Mittelschichten führt. Mindestens genauso wichtig ist die Frage, wie Wachstum verteilt wird.« In Europa würde niemand bei einer solchen Aussage zusammenzucken. In den USA schon.

Solange die Entwicklung für den Einzelnen kaum spürbar war, erschien sie auch nicht als Bedrohung für den gesellschaftlichen Zusammenhalt der USA. Das eigene Haus zu günstigen Konditionen – das war die Währung, mit der die amerikanische Bevölkerung ruhiggestellt wurde. Die Bürger sahen nur die steigenden Preise für Häuser und die sinkenden Finanzierungskosten. Sie sahen die Angebote der alten und neuen Immobilienfinanzierer, die auch dann noch großzügige Hilfe versprachen, wenn nicht einmal das Geld für einen Umzug vorhanden war. Bis zu 125 Prozent des Preises für ein Haus wurden finanziert – damit die Kaufwilligen auch noch ein paar Möbel aufstellen konnten, wenn sie vorher keine hatten.

Der Hausbesitz war nicht nur die Kompensation

für stagnierende oder sinkende Einkommen. Er war ein Spekulationsobjekt an sich. Ein Haus zu verkaufen und ein neues zu kaufen, den Immobilienkredit jährlich umzuschulden versprach den Zuwachs an Wohlstand, den die Erwerbsarbeit nicht mehr lieferte. Umschulden wurde zu einer Routineübung für viele US-Bürger, die ihre Kreditkarten-Verbindlichkeiten ablösen wollten.

Eine Besonderheit des amerikanischen Immobilienkredits erleichterte das. Der klassische Eigenheimkredit europäischer Art läuft über zehn Jahre. Zum Start legt der Bauherr in der Regel eine ordentliche Portion Kapital auf den Tisch. Das ist in Amerika nicht üblich. Stattdessen werden sogenannte regressfreie Kredite vergeben. Ein regressfreier Kredit ist ein Darlehen, das nur auf das Objekt gegeben wird, das erworben werden soll. Hauseigentümer haften also nur mit dem Haus, das sie gekauft haben, nicht aber mit ihrem sonstigen Vermögen.

Auf der anderen Seite wuchs die Zahl der Käufer für amerikanische Immobilienpapiere, zu denen deutsche Landesbanken genauso gehörten wie britische Pensionsfonds oder arabische Investmentgesellschaften. Es mussten also weitere Finanzierungen her, um den Anlagehunger zu befriedigen. Die wurden gefunden. Auch um den Preis, dass selbst die Kreditwürdigkeit alkoholkranker Clochards testiert wurde.

Die erforderlichen Bonitätsbescheinigungen stellten in der Regel die drei großen amerikanischen Ratingagenturen Standard & Poor's, Moody's und Fitch aus. Da musste man sich gar nicht ernsthaft mit der Frage herumschlagen, ob die Renditeversprechen, die deutlich oberhalb der Renditen für US-Staatsanleihen lagen, seriös waren oder nicht. Schade nur, dass die Ratingagenturen sich ein bisschen vertan hatten, als sie die Papiere für gut befanden.

Warum? Ein Grund für die eher freundliche Bewertung von Risiken lag darin, dass die Ratings von denen bezahlt wurden, die ein Papier verkaufen wollten – und nicht von den Käufern, die ein Interesse an einem eher kritischen Blick haben. Zudem ließen die Kunden sich von den Agenturen nicht nur bewerten, sondern auch beraten. Alle großen Ratingagenturen halfen den Investmenthäusern dabei, ihre Finanzprodukte so zu strukturieren, dass sie am Ende Bestnoten bekommen konnten. Die Ratingagenturen hatten also ein ebenso großes Interesse daran, eine möglichst freundliche Expertise auszustellen, wie die Unternehmen, die diese Papiere zur Prüfung vorlegten.

Jedenfalls galt das wohl für US-Unternehmen, die große Umsätze mit den Agenturen machten. Es habe dazu noch eine Tendenz gegeben, amerikanische Unternehmen besser zu bewerten als europäische, wird nicht nur an den Finanzplätzen in Frankfurt und London gerne gemunkelt, sondern auch in den Regierungszentralen in Berlin oder Paris oder bei der Europäischen Kommission in Brüssel. Das liege daran, hieß es, dass die Top-Ratingagenturen allesamt amerikanisch seien und es keine Konkurrenz für sie gebe. Belege dafür gibt es allerdings nicht.

Champagner auf der Titanic

Es war ein großes Versprechen eines jungen Präsidenten. Das »ruchlose und unverantwortliche Handeln« der Wall-Street-Banker sei Grund für die Finanzkrise gewesen, sagte Barack Obama im Jahr 2009. »We will never let it happen again«, es darf nie wieder passieren, gelobte er damals feierlich, tatsächlich jedoch folgten die USA nach seinem Amtsantritt demselben Credo wie zuvor. Die Notenbank stellte billiges Geld bereit, und die Regierung schützte den Finanzsektor. Die großen Banken, die das Desaster von 2008 überlebt hatten, genossen eine staatliche Überlebensgarantie. Sie konnten sich praktisch unbegrenzt bei der Notenbank Geld leihen. Diese Mittel versuchten sie mit Papieren unters Volk zu bringen, die große Ähnlichkeiten mit jenen aufwiesen, die den Crash ausgelöst hatten. »Weil es keinen echten Fortschritt gibt, wird die nächste Krise noch größer und noch verheerender sein«, unkte der frühere Währungsfonds-Ökonom Simon Johnson.

Der Keim zur nächsten Runde im staatlich verordneten Aufschwung-Abschwung-Teufelskreis wurde schon im Sommer 2007 gelegt, als die ersten kleinen Hypothekenbanken Probleme bekamen und die ersten Hedgefonds wackelten. Bear Stearns, eine der traditionsreichen Wall-Street-Investmentbanken, musste damals als erster der großen Spieler auf dem Markt zwei seiner Hedgefonds mit einem Volumen von 1,6 Milliarden Dollar liquidieren, die in Immobilienfonds investiert hatten.

Der Geldmarktzins zog sofort deutlich an, erstmals war damit jenes Warnsignal gesetzt, das in der Folge selbst jenen Bürgern in Amerika und Europa geläufig wurde, die über kein eigenes Konto verfügen. Der Geldmarktzins ist der Durchschnittszinssatz, zu dem sich Banken untereinander kurzfristiges Geld leihen. Im Abstand zum Zentralmarktzins wird deutlich, wie ruhig oder unruhig die Lage ist: Steigt der Geldmarktzins dramatisch über den Leitzins der Notenbank, liegt etwas in der Luft. Im Herbst des Jahres 2007 war er derart gestiegen, dass es nur eine Erklärung geben konnte: Die Banken misstrauten einander, sie gingen davon aus, dass nicht alle Unternehmen ihrer Branche solide finanziert waren. Die ersten Gerüchte kamen auf, etwa dass beispielsweise Bear Stearns zu wenig Eigenkapital hatte, um Turbulenzen auf den Märkten problemlos zu überstehen.

Die Notenbank entschloss sich, die Zinsen radikal zu senken, um damit nach Möglichkeit auch den Zinssatz im Geschäft zwischen den Banken zu drücken. Von 5,25 im August 2007 auf 3,25 zur Zeit der Bear-Stearns-Übernahme, auf 2 Prozent im Oktober 2008 und dann auf 0 bis 0,25 Prozent im Frühjahr 2009. So aggressiv hatte die Fed seit den Tagen von Exchef Greenspan den Zinssatz nicht mehr gesenkt, gleichzeitig hatte sie damit ihre ganze Machtlosigkeit offenbart.

Anstatt den Wackelbanken Kapital zur Verfügung zu stellen und sie teilweise zu übernehmen (wie das später geschah), wurde die Überschwemmung organisiert. Die Mannschaft auf der Titanic stellte noch einmal die Champagnervorräte auf den Tisch, während backbord die ersten Passagiere über Bord gingen.

Mit absurden Konsequenzen. Denn nun war noch mehr Geld da, das man sich gegenseitig trotzdem nicht gerne überließ. Der Immobilienmarkt taugte erkennbar nicht mehr für weitere Investments, also verlegten sich die Geldhäuser auf den Rohstoffhandel. Weizen-, Mais-, Butter-, Öl- und Zuckerpreise stiegen wie von Geisterhand getrieben.

Natürlich waren daran nicht die niedrigen Zinsen schuld, behaupteten die US-Geldpolitiker und lieferten tausend vermeintlich plausible Erklärungen: In den aufstrebenden Ländern Asiens und Amerikas sei es modern geworden, Milch zu trinken, da sei es klar, dass die Preise stiegen, bis genügend neue Kühe aufgewachsen seien, um mehr Milch zu geben. Die weiße Gentechnik brauche viel Zucker, deshalb werde der Süßstoff so knapp. Oder: Mais werde als Energiepflanze für die regenerative Energieerzeugung benötigt, da bleibe nicht mehr so viel für Tortillas übrig. So wimmelten die Marktexperten kühl die Politiker Mexikos ab, die in ihrem Land wegen der gestiegenen Preise mit einem Bürgeraufstand rechneten.

Am Beispiel des Erdöls wird aber am deutlichsten,

was wirklich passierte. Denn der tatsächliche Verbrauch stagnierte im Jahr 2008 nahezu, die Konjunktur in der realen Wirtschaft ließ nach, Raffinerien und Chemiefirmen kappten ihre Bestellungen. Die Preise dagegen erreichten immer neue Rekordhöhen.

Es dauerte noch ein ganzes Jahr, bis die Ökonomen verstanden, was geschehen war: Eine Extrablase war entstanden, weil die Notenbank versucht hatte, die Folgen der sich anbahnenden Immobilienkrise nach dem guten alten Muster zu beheben. Sie gab unbegrenzt Geld, die Spekulanten nahmen es und pumpten es in den nächsten Markt.

Dagegen unterblieb, was hätte passieren müssen. Spätestens mit dem Kollaps der beiden Hedgefonds von Bear Stearns war deutlich geworden, dass die Subprime-Krise mehr als nur ein ärgerliches Intermezzo auf dem angeblich so gesunden US-Häusermarkt war. Danach mehrten sich die Gerüchte, dass die Investmentbank selbst auch massive Probleme hatte. Sie wurden geleugnet und verdrängt, bis die Bank im März 2008 in letzter Minute von JP Morgan Chase mit massiver finanzieller Unterstützung der Notenbank übernommen wurde.

Zu diesem Zeitpunkt ahnten viele, dass Bear Stearns kein Einzelfall bleiben, sondern möglicherweise der Beginn einer unheilvollen Serie werden würde. Die Notenbank und die US-Regierung hätten anfangen müssen, einen Plan für das Szenario einer weiteren Bankenschieflage auszuarbeiten, lautete später die Kritik von Wirtschaftswissenschaftlern. Sie hätten erklären müssen, warum sie Bear Stearns gerettet hatten und wie sie die Lage insgesamt beurteilten. Das unterblieb. »Deshalb gab es gute Gründe anzunehmen, dass die Regierung sich im nächsten Fall genauso verhalten würde, zum Beispiel bei Lehman«, sagt etwa der Stanford-Ökonom John Taylor. Alle erwarteten, dass die Regierung Lehman Brothers retten werde, als das Geldhaus im August und September 2008 in schwere Turbulenzen geriet.

Die Regierung tat es nicht. Es war ein Jahrhundertfehler, nach dem sich sofort jeder fragte, wer der Nächste sein würde. Das Geschäft zwischen den Banken erstarb, doch nicht einmal der Lehman-Bankrott war mit einer klaren Botschaft verbunden. Finanzminister Hank Paulsen gab zwar später in seinen Lebenserinnerungen zu Protokoll, er habe an dem Wochenende vor dem 15. September die ganze Nacht verzweifelt zu Gott gebetet.

Die Zeit wäre besser investiert gewesen, wenn er sie für eine einleuchtende Strategie für den Montag danach aufgewendet hätte. Es gibt bis heute Ökonomen, die die Entscheidung, Lehman fallen zu lassen, für richtig halten. Nur hätte die US-Regierung gleichzeitig dafür sorgen müssen, dass Lehmans Geschäftspartner vor Ansteckung geschützt wurden. So wäre eine Brandmauer um die bedrohten Teile der Finanzindustrie entstanden, zugleich hätte die Regierung klarstellen können, dass keine Bank mehr gerettet würde, die durch eigenes Verschulden in Not geriet. Angesichts der umfangreichen, intransparenten und komplexen Geschäftsbeziehungen der Lehman-Bank ist das eine gewagte Theorie.

Unbestritten ist, dass Paulson mit seiner Entscheidung neue Unsicherheiten in den Markt getragen hatte, der ohnehin in Panik verfallen war. Denn nun war die alte Erwartung – Banken werden gerettet – zerstört, ohne dass eine neue Sicherheit – niemand wird mehr gerettet – an ihre Stelle getreten wäre. Am 16. September rettete die US-Regierung den amerikanischen Versicherungsriesen AIG. 182 Milliarden Dollar wurden insgesamt zur Verfügung gestellt, um den Konzern vor dem Aus zu bewahren und seine Kunden vor Verlusten zu schützen. Doch die Banken hörten am 16. September 2008 auf, sich gegenseitig Geld zu leihen. Nicht einmal über Nacht ließen sie liquide Mittel bei einem Haus der Konkurrenz. Sie trugen es immer wieder zur Notenbank zurück.

Erst am 13. Oktober hatte Paulsen einen Plan zusammen, wie die Finanzwirtschaft zu stabilisieren sei. Er überführte die neun größten Geldhäuser des Landes teilweise in Staatsbesitz. Was wie ein überlegter und alternativloser Plan verkauft wurde, war in Wahrheit nichts anderes als ein in aller Eile und ohne jede Vorbereitung zusammengestricktes Konzept vom Wochenende. Nicht alle Beteiligten wussten, was sie da beschlossen hatten. Noch am frühen Montagmorgen rätselten die Mitarbeiter des Finanzministeriums beispielsweise, wem denn der frühere Goldman-Sachs-Chef Paulsen am Nachmittag die Pistole auf die Brust setzen würde und wer deshalb nach

Washington zitiert werden müsse: »Kann mir jemand sagen, wer die großen Neun sind?«, hieß es verzweifelt in einer E-Mail des Stabschefs im Finanzministerium, die um 7.37 Uhr an die Mitarbeiter im Haus verschickt wurde.

Immerhin: Bis zum Nachmittag war man schlauer. Paulsen zwang die neun größten US-Banken – Merrill Lynch, Goldman Sachs, Morgan Stanley, State Street, Citigroup, Wells Fargo, JP Morgan Chase, Bank of America, Bank of New York Mellon –, eine teilweise Verstaatlichung zu akzeptieren. Die Regierung wurde mit 250 Milliarden Dollar größter Anteilseigner der US-Kreditwirtschaft. Die Verträge sahen schäbig aus »wie Mietvereinbarungen für eine Zweizimmerwohnung«, spottete die *Financial Times* danach. Die Bankbosse mussten ihren Namen und die Höhe der ausgehandelten Beteiligung handschriftlich in das schmucklose Formular eintragen und dann unterschreiben.

Die Aktion bewirkte zweierlei. Einerseits war sie die erste wirksame Maßnahme gegen die sich wellenförmig ausbreitende Panik in Finanzindustrie und Realwirtschaft. Andererseits legte sie den Grundstein für einen beispiellosen Zuwachs der US-amerikanischen Staatsschuld. Als der demokratische Präsident Bill Clinton 2001 aus dem Amt schied, war der Bundeshaushalt im Plus, die USA hatten zum ersten Mal seit Jahrzehnten damit begonnen, Schulden zu tilgen. Zehn Jahre später standen die Vereinigten Staaten bei ihren Bürgern und im Ausland mit rund 1500

Milliarden Dollar in der Kreide, das entspricht der Wirtschaftsleistung eines ganzen Jahres.

Fataler noch, die Verschuldungspolitik der USA wurde zum Vorbild für die gesamte Welt. Überall auf dem Globus schoss der öffentliche Schuldenstand in die Höhe, zur Freude der Banken, die gleich auf doppelte Weise profitierten. Sie bekamen von den Notenbanken Liquidität zum Nulltarif, von den Krisenländern dagegen erhielten sie Zinsen – die im Fall der südlichen Länder Europas auch noch deutlich anstiegen. Noch schöner: Für die Staatsanleihen mussten sie nicht einmal eigenes Kapital in der Bilanz nachweisen, denn die Staatsschulden galten als sicher. Die Institute begaben Derivate und strukturierte Finanzprodukte auf die Wertpapiere, verkauften sie weltweit – und hatten schon am Ende des Jahres 2009 wieder eine Situation hergestellt, die der des Jahres 2007 vergleichbar war. Nur dass man sich nun bereits im nächsten Stadium der Krise befand. Schauplatz diesmal: Europa.

Ach, Europa

Ein Amerikaner in Frankfurt

Wenn Notenbanker in Pension gehen, gibt es keine goldenen Uhren und keine Erinnerungsalben, kein Ständchen des Kollegenchors und keinen Sektempfang. Es gibt eine Konferenz.

Im Frühjahr 2006 schied Otmar Issing aus dem Amt, der als Chefvolkswirt fast 16 Jahre lang die ideologischen Grundlagen für die deutsche und europäische Geldpolitik gelegt hatte. Issing war einer der einflussreichsten Notenbanker der Welt, und so gab es zu seinem Abschied nicht einfach eine Konferenz, es gab eine Mega-Konferenz.

Im noblen Frankfurter Hof im Zentrum der Bankmetropole hatten sich fast 300 Geldpolitiker und Ökonomen eingefunden, um ihren langjährigen Kollegen zwei Tage lang mit Vorträgen, Reden und Diskussionen zu ehren. Die Zentralbankgouverneure Mervyn King (England), Stanley Fischer (Israel) und Axel Weber (Deutschland) waren erschienen, der legendäre, frühere Fed-Chef Paul Volcker gehörte zu den Gästen, und auf einem Wissenschaftler-Podium hatten die Stars der US-Ökonomenszene Platz genommen, von Professor Robert Lucas von der University of Chicago über den Chef des US-Sachverständigenrates Martin Feldstein bis zu Olivier Blanchard vom Massachusetts Institute of Technology.

Anekdoten wurden erzählt und Papiere mit seitenlangen Formeln verteilt, es gab Diskussionen über den »monetären Transmissionsmechanismus« sowie Vorträge zur »Gefahr von Inflationserwartungen«, und selbst die schärfsten Kritiker des bekennenden Stabilitätspolitikers feierten ihn nun als »Künstler« oder »pragmatisches Superhirn«.

Es hätte ein harmonisches Treffen werden können, wenn nicht auch Donald Kohn unter den Rednern gewesen wäre, ein Vorstandsmitglied des amerikanischen Federal Reserve Board. Der langjährige Vertraute von Zentralbankchef Alan Greenspan hatte sich über einen kritischen Aufsatz aus Issings Forschungsabteilung geärgert, den er als Kritik an der allzu sorglosen US-Geldpolitik empfand. Nun nutzte Kohn die Abschiedskonferenz, um seine europäischen Widersacher zurechtzuweisen. Hätte die Fed eine andere Zinspolitik betrieben, hätte sie womöglich ein »nicht existierendes Problem« bekämpft, »Kapital vernichtet« und die ökonomische Situation »verschlimmert«, befand Kohn. Issing habe sich schon immer durch »intellektuelle Strenge« ausgezeichnet, fügte der US-Notenbanker abschließend hinzu und ließ bewusst offen, ob er das als Kompliment gemeint hatte oder nicht.

»Fed kritisiert EZB-Strategie«, lauteten tags darauf die Schlagzeilen in der Fachpresse, und nicht nur die Experten fragten sich, was hinter dem Auftritt des Fed-Beamten wohl stecken mochte. Lagen die Geldpolitiker aus Europa und Amerika wirklich so weit auseinander, dass sie ihre Kontroverse nun schon bei Pensionsfeiern austragen mussten?

Tatsächlich gab es Differenzen, aber es gehört zu den Besonderheiten dieser Krise, dass die Unterschiede mehr in der Theorie als in der Praxis lagen. Die Geldpolitiker in Washington und Frankfurt stritten um Geldmengen-Definitionen und Output-Lücken, um Modellannahmen und empirische Befunde. Doch wenn es um konkrete Beschlüsse ging, unterschieden sich die Euro- kaum von den Dollar-Wächtern. Dieselben Fehlentwicklungen, die das Finanzdesaster in den USA auslösen sollten, waren – in abgeschwächter Form – bald auch in der Euro-Zone zu beobachten.

Wie in den USA hielten die Währungshüter die Zinsen zu lange zu niedrig, sie unterschätzten die Preisblasen auf den Immobilienmärkten im Süden und Südwesten des Kontinents und sie verkannten, wie sehr die günstigen Kreditbedingungen den Finanzsektor aufgebläht hatten. Natürlich gab es auch Unterschiede, aber die lagen weniger im Grundsätzlichen als in den Erscheinungsformen. In den USA flossen die Kredite an einkommensschwache Haushalte, in Europa strömten sie in Volkswirtschaften wie Portugal oder Spanien. In den USA kam ein Großteil des Geldes aus Schwellenländern wie China, in

Europa war der Süden beim Norden verschuldet. In den USA übersahen die Währungshüter, wie vernetzt ihre heimischen Investmentbanken waren. In Europa hatten sie keine Ahnung, dass in Randländern wie Irland die Banken Kredite, Derivate und Hypothekendarlehen im vierfachen Umfang des Bruttoinlandsprodukts ausstehen hatten.

Europas Kreditblase sah nicht nur in vielerlei Hinsicht so aus wie die in Amerika, sie hatte auch zu einem nicht unerheblichen Teil dort ihren Ursprung. Mit jedem deutschen Auto und jeder französischen Champagnerflasche, die in die Vereinigten Staaten verkauft wurden, nahmen die Exporteure Dollar ein, die in Euros getauscht werden mussten. Der Kurs der Gemeinschafts-Währung stieg, und so gerieten die Notenbanker auf der östlichen Seite des Atlantiks unter Druck, das Geld ebenfalls zu verbilligen. »Die Entscheidungen in Frankfurt waren am Ende immer von der US-Währungspolitik beeinflusst«, schreibt der italienische Ökonom Franco Bruni. »Der strukturschwache Dollar trieb den Euro auf ein für europäische Exporteure ungünstiges Niveau.« Umso lauter forderten die Regierungschefs des Kontinents, von Jacques Chirac bis Silvio Berlusconi, den vermeintlichen Wettbewerbsnachteil auszugleichen. Hinzu kam die Dynamik der US-amerikanischen Konjunktur. Jedes Jahr, in dem die US-Wachstumsrate erneut über der europäischen lag, wurde als Beleg gewertet für die Überlegenheit der amerikanischen Niedrigzinspolitik.

Greenspans Geist begann auch in den Fluren des Frankfurter Zentralbankturms zu wehen, und so kam es, dass in der Euro-Zone bald ähnliche Überschwemmungsphänomene zu beobachten waren wie in den USA. In ihren Sonntagsreden priesen Notenbanker und Finanzpolitiker noch die Stabilitätsgemeinschaft Europa, in der Realität aber hatte sich der Währungsclub längst in eine Schuldenunion verwandelt. Die alten Prinzipien wurden feierlich bekräftigt, in der Praxis aber wurde gegen alle Gebote verstoßen, mit denen das europäische Währungsexperiment vor einem knappen Vierteljahrhundert begonnen hatte.

Damals bestimmte noch der Kalte Krieg das Denken in Europa, und kaum ein Politiker hätte in jenen Tagen darauf gewettet, dass es zu seinen Lebzeiten zu einer Geldunion auf europäischem Boden kommen würde. Außer Jacques Delors wahrscheinlich, jenem umtriebigen Präsidenten der Brüsseler EU-Kommission, der seit Jahren dafür eintrat, den gemeinsamen europäischen Binnenmarkt mit einer gemeinsamen Währung zu krönen.

Große Chancen aber wurden ihm nicht eingeräumt, denn vor allem die Deutschen hingen geradezu abgöttisch an ihrer Währung. Die D-Mark war nicht nur ein Symbol des Wirtschaftswunders, sie war auch ein Ausfluss jener spezifisch deutschen wirtschaftspolitischen Schule, die Ludwig Erhard einst unter dem Begriff »Ordnungspolitik« populär gemacht hatte.

So wie der Staat die Rahmenbedingungen für den

Wettbewerb auf den Gütermärkten setzen sollte, war die Zentralbank als gleichermaßen unabhängiger wie strenger Wächter des Geldwesens vorgesehen. Um die Preise stabil zu halten, waren Deutschlands Währungshüter befugt, die Zinsen auch gegen die Wünsche der Regierung anzuheben und das Kreditwachstum selbst dann einzuschränken, wenn die Banken es lieber ausweiten wollten.

In anderen Ländern war die Notenbank eine Art nachgeordnete Behörde des Finanzministeriums, im Nachkriegsdeutschland dagegen lieferten sich die Geldaufpasser in Frankfurt mit den Bonner Regierenden legendäre Machtkämpfe. Der erste Bundesbankpräsident Wilhelm Vocke setzte gegen den Willen von Kanzler Konrad Adenauer eine Aufwertung der D-Mark durch. Vockes späterer Nachfolger Karl Otto Pöhl stritt mit Kanzler Helmut Kohl um die Bedingungen der deutsch-deutschen Währungsunion. Bundesbankchef Hans Tietmeyer wehrte sich gegen den Versuch von Finanzminister Theo Waigel, mit dem Goldschatz der Währungshüter den Staatshaushalt zu sanieren. Fast alle Regierungen der Nachkriegszeit machten irgendwann die Erfahrung, dass ihr eigentlicher Gegenspieler in zentralen Fragen der Außenwirtschafts- und Finanzpolitik nicht auf den Oppositionsbänken des Parlaments, sondern in der Chefetage der Frankfurter Geldbehörde zu finden war.

Das steigerte die Popularität der Währungsbehörde bei Deutschlands Sparern und Verbrauchern, im europäischen Ausland aber wurde sie bald zur bestgehassten Institution des Kontinents. Dass Deutschlands Industrie nach dem Zweiten Weltkrieg rasch wieder zur stärksten Europas aufgestiegen war, hatten die Nachbarländer noch mit einer Mischung aus Neid und Bewunderung hingenommen. Als Ärgernis aber wurde empfunden, dass die Staaten ihre geldpolitische Souveränität de facto an ein demokratisch nicht legitimiertes Technokratengremium in Deutschland abgaben. Wann immer die Frankfurter Währungshüter aus Sorge vor tatsächlichen oder vermeintlichen Inflationsgefahren die Zinsen anhoben, mussten die Zentralbanken in Rom, Paris oder Madrid nachziehen, auch wenn das in ihren Ländern Rezession und steigende Arbeitslosenzahlen bedeutete.

Kein Wunder, dass vor allem in Frankreich die politische Klasse geradezu besessen von der Idee war, die Macht der Frankfurter Behörde zu brechen. »Die Franzosen haben die Atombombe«, pflegte der französische Präsidentenberater Jacques Attali zu sagen, »die Deutschen haben die Bundesbank.«

Entsprechend hartnäckig verfolgte Paris während der gesamten Nachkriegszeit die Idee, eine europäische Gemeinschaftswährung zu schaffen. Doch die Deutschen wiesen die Pläne genauso hartnäckig zurück. Es bedurfte keiner Meinungsumfragen, damit jedem Kanzler bewusst war: Wer es wagen würde, die D-Mark auf dem Altar der europäischen Einigung zu opfern, ohne etwas Gleichwertiges dafür zu bekommen, beging politischen Selbstmord.

Doch dann fiel im November 1989 die Berliner Mauer. Was folgte, war ein deutsches Wintermärchen mit einschneidenden Folgen. Der Ruf »Wir sind ein Volk«, der nun auf den Straßen Leipzigs und Ostberlins zu hören war, brachte nicht nur Europas Nachkriegsordnung zum Einsturz, er veränderte auch die Verhandlungspositionen von Bonn und Paris. Deutschland benötigte Frankreichs Zustimmung zur deutschen Einheit. Paris aber fürchtete, von einer um ein Drittel vergrößerten Bundesrepublik ökonomisch erdrückt zu werden. Für Kohl war damit klar: Wollte er die Staatsfusion rasch und im Konsens mit den europäischen Partnern durchsetzen, musste er einen Teil von Deutschlands wirtschaftlicher Vormachtstellung aufgeben.

»Deutsche und europäische Einigung sind zwei Seiten derselben Medaille«, pflegte Kohl damals zu sagen. Es klang wie eine der üblichen Binsenweisheiten des Kanzlers, und erst allmählich wurde den Deutschen bewusst, dass die Medaille, von der Kohl da redete, der Euro war.

Verzweifelt versuchte vor allem die Bundesbank, das Ende der Mark noch zu verhindern. Europa sei wirtschaftlich zu unterschiedlich für eine gemeinsame Währung, warnte die Frankfurter Behörde. Außerdem fehle der Geldgemeinschaft der notwenige Unterbau durch eine politische Union.

Das waren alles richtige Argumente, wie sich später herausstellen sollte, doch kamen sie zu spät, um den Zug noch aufhalten zu können. Die Einwände der Währungshüter beeinflussten lediglich die Konditionen jenes Deals, auf den sich Kohl und Frankreichs Präsident François Mitterand im Einheitsjahr 1990 verständigten. Paris ließ seine Bedenken gegen die deutsch-deutsche Staatenunion fallen, dafür beschleunigte die Bundesregierung die Verhandlungen über ein neues europäisches Gemeinschaftsgeld.

Um den Vorbehalten der Bundesbank Rechnung zu tragen, wurde die neue Währung zugleich als Kopie der D-Mark ausgestaltet. Kein Staat müsse für die Schulden eines anderen Landes haften, hieß es im entsprechenden Paragrafen des Maastricht-Vertrages. Und damit die Euro-Mitglieder erst gar nicht in die Verlegenheit kommen würden, um Beistand bitten zu müssen, verpflichteten sie sich in ihrem sogenannten Stabilitätspakt auf strenge Kennziffern zur Haushaltsführung: Kein Land dürfe einen Schuldenberg von mehr als 60 Prozent des Sozialprodukts aufweisen, das laufende Defizit müsse dauerhaft unter 3 Prozent der Wirtschaftsleistung liegen. Ein Club der Tugendhaften und Sparsamen war geplant, eine Rechtsgemeinschaft mit strengen Vorgaben und verbindlichen Regeln.

Als mächtigen Wächter über das Gemeinschaftsgeld hatten die Verhandlungsführer aus Bonn und Paris Europas neue Zentralbank ausersehen, die sie sich als eine Art übernationale Bundesbank vorstellten. Europas Geldhüter sollten nicht nur am selben Ort sitzen wie ihre deutschen Vorbilder, sie sollten auch genauso politisch unabhängig sein, derselben monetären Philosophie folgen und den gleichen Auftrag erhalten. Wie in Deutschland sollte sich Europas neue Zentralbank vornehmlich darum kümmern, die Preise stabil zu halten. Die Förderung der Konjunktur dagegen war zur Nebensache degradiert, die sich in den Verträgen allenfalls aus der vagen Formulierung herauslesen ließ, die Geldbehörde habe die »allgemeine Wirtschaftspolitik zu unterstützen«. Ausdrücklich untersagt war den Währungshütern zudem, Mitgliedsstaaten mit der Notenpresse zu finanzieren.

Auf dem Papier sah der Euro härter aus als die Mark, und die Europäische Zentralbank schien noch mehr an Stabilität orientiert als ihr deutsches Vorbild. Doch das schien nur so, denn wie sich an seiner Entstehungsgeschichte ablesen ließ, war der Euro kein ökonomisches, sondern ein politisches Projekt.

Er war ein historischer Kompromiss zwischen Deutschland und Frankreich über die europäische Ordnung nach dem Ende des Kommunismus. Entsprechend beugten sich Deutschlands Partner der Bundesbankphilosophie nicht aus Einsicht. Sie lenkten ein, weil anders das Ende der D-Mark-Herrschaft nicht zu bekommen war. Die sogenannte deutsche Stabilitätskultur wurde in vielen Mitgliedsländern im besten Fall als seltsam, im schlechtesten dagegen als schädlich empfunden, als Zwangsjacke, die es bei der nächstbesten Gelegenheit abzustreifen galt.

Und so wurde in Europas neuer Währungsbehörde bald ein Theaterstück aufgeführt, dessen Doppelbödigkeit sich erst im Lauf der Zeit erschloss. Auf der Bühne standen die Kulissen der alten Bundesrepublik, der Stoff schien deutschen Quellen entnommen, und die Akteure sprachen wie die Mitglieder des früheren Frankfurter Zentralbankrates. Tatsächlich jedoch wurde ein ganz anderes Stück aufgeführt, das sich in seinem Verlauf immer stärker aus angelsächsischen statt aus deutschen Quellen speiste.

So ließ sich der erste Zentralbankpräsident, der Niederländer Wim Duisenberg, noch ganz in der Tradition der Bundesbank vernehmen, als er im Oktober 1998 seine Auftakt-Pressekonferenz im neuen Amt gab. Um die Inflationsrate dauerhaft unter 2 Prozent zu halten, so kündigte Duisenberg an, werde die Behörde künftig eine geldpolitische »Zwei-Säulen-Strategie« verfolgen. Zum einen werde die Behörde Inflationsrate und Konjunktur beobachten, zum anderen, noch wichtiger, die Entwicklung der Geldmenge, wozu die Notenbank nicht nur das Volumen der umlaufenden Münzen und Scheine zählte, sondern auch Girokonten, Termingelder und Spareinlagen. Diese Größe sollte nach dem Willen der Zentralbanker künftig nicht stärker wachsen als mit einer Jahresrate von 4,5 Prozent.

So war es angekündigt, aber so kam es nicht. Stattdessen wurde der angestrebte Zielwert Jahr für Jahr überschritten. Gleich im ersten Euro-Jahr 1999 wuchs die Geldmenge um 5,5 Prozent, in den Folgejahren lag die Steigerungsrate noch darüber.

Eigentlich hätten die Daten dafür gesprochen, die

Zinsen anzuheben. Doch das wagten Europas Währungshüter nicht. Schließlich schwankte die Inflationsrate Anfang des Jahrtausends europaweit um den Wunschwert von 2 Prozent.

Es schien also alles in bester Ordnung zu sein, und so erklärte die Zentralbank die beunruhigende Geldschwemme mit allerlei Sondereffekten. Mal waren Europas Aktionäre schuld, die ihre Kapitalanteile nach dem Crash der New Economy unerwartet stark in Termingelder umschichteten. Mal führten die Währungshüter die wachsende Summe von Euro-Anlagen im Ausland ins Feld, die das gemessene Liquiditätsvolumen aufblähten, ohne in der Währungsunion den Preisdruck zu erhöhen.

Das Problem war nur, dass die vermeintlichen Sondereffekte nicht die Ausnahme blieben, sondern zur Regel wurden. Immer größere Mühe hatte Präsident Duisenberg, das ungebremste Euro-Wachstum zu rechtfertigen, und die internationale Ökonomenzunft begann sich über die erfolglosen Erklärungsversuche der Währungshüter lustig zu machen. »Außer ein paar sonderbaren Geistern glaubt niemand mehr, dass die Geldmenge irgendeine relevante Aussage über die Wirtschaft des Euro-Raums macht«, spottete ein Beraterzirkel der Pariser Regierung.

Mitte 2003 schließlich zogen Europas Liquiditätswächter Konsequenzen, die zwar der herrschenden Lehre der Wirtschaftswissenschaft entsprachen, aber nicht mehr der Traditionslinie der Bundesbank. Die hätte verlangt, die Geldzufuhr zu drosseln, stattdessen änderten die Währungshüter ihre Ziele. Hatten sie bisher eine Inflationsrate von unter 2 Prozent angestrebt, so wurde der Richtwert nun mit »unter, aber nahe 2 Prozent« angegeben. Zugleich wurde die Geldmenge zur nachrangigen Orientierungsgröße heruntergestuft.

»Klarstellung« nannten das die Geldwächter, in Wahrheit war es eine Kapitulation des Bundesbankflügels, deren Folge sich vor allem darin zeigte, dass der Liquiditätsstrom in der Euro-Zone nun erst recht anschwoll. 2005 wuchs die Geldmenge um 7,5, 2006 um 10 und 2007 sogar um 11,4 Prozent. Schon zu Anfang des Jahrzehnts hatte eine französische Ökonomengruppe festgestellt, dass sich die Zinspolitik der Europäischen Zentralbank von derjenigen der Fed kaum unterschied. Nach der sogenannten Strategiereform wurden die Differenzen endgültig eingeebnet.

Auch in Europa kam es nun zum »Einstieg in eine Politik leichten Geldes«, wie der Bonner Ökonom Manfred J.M. Neumann feststellte. Schon seit 2001 hatte die Zentralbank ihren Leitzins in mehreren Stufen gesenkt. Nun fixierte sie ihn für fast drei Jahre auf einem historischen Tiefstand von 2 Prozent. Ohne die Revision, so hat Neumann ermittelt, hätte die Zentralbank ihren Zins um knapp 1 Prozentpunkt höher ansetzen müssen. Die deutschen Wirtschaftsweisen monierten ebenfalls, die Frankfurter Geldpolitik sei zu locker gewesen.

Stattdessen war Liquidität nun zu Discountkonditionen zu haben, was einer Einladung der Notenbank gleichkam, Schulden aufzunehmen. Und wie nicht anders zu erwarten, wurde die Einladung angenommen, vor allem im Süden des Kontinents. Was in den USA der Subprime-Markt war, war in Europa der Kreditfluss an Länder wie Spanien, Portugal und Irland.

In den neunziger Jahren gab es zwei starke Dämme, die den Kapital- und Liquiditätsstrom innerhalb Europas drosselten. Der erste war der Stabilitätspakt, auf den sich die Euro-Länder geeinigt hatten, um den Staaten das Schuldenmachen zu erschweren. Der zweite waren die regelmäßigen Abwertungen, die in den Südländern des Kontinents beschlossen wurden, um ihre Volkswirtschaften gegenüber dem produktiveren Norden wettbewerbsfähig zu halten.

Ausländischen Kapitalgebern jedoch bescherten diese Währungsschnitte große Verluste, und so verlangten sie hohe Prämien, um das Abwertungsrisiko auszugleichen. Noch Mitte der Neunzigerjahre mussten italienische, spanische und portugiesische Schuldner zwischen 12 und 14 Prozent Zinsen zahlen, wenn sie einen langfristigen Kredit aufnehmen wollten, fast doppelt so viel wie in Deutschland.

Das änderte sich erst, als der Euro eingeführt und die Wechselkurse dauerhaft festgeschrieben wurden. Nun gab es keine Abwertungen mehr, die Dämme waren gebrochen, und eine Flut billigen Kapitals ergoss sich über Europas Süden. Schon die Niedrigzinspolitik der Zentralbank hatte die Kreditkosten in

Spanien, Portugal oder Italien gesenkt; der neue einheitliche Kapitalmarkt aber, der mit dem Euro geschaffen wurde, drückte sie auf historische Tiefstände. Vor allem Baudarlehen waren im Sonnengürtel des Kontinents nun so billig zu bekommen wie nie zuvor in der Nachkriegsgeschichte.

Das Ergebnis war ein beispielloser Bauboom. In Spanien zum Beispiel wurden Mitte des vergangenen Jahrzehnts mehr Wohnungen errichtet als in Deutschland, Frankreich und Großbritannien zusammen. Das Land war Europameister im Zementverbrauch, alle paar Wochen ging eine Immobilienfirma an die Börse, und die Preise stiegen im Zeitraum eines Jahrzehnts fast um das Dreifache.

Finanziert wurde die Blüte mit Kreditkonstruktionen, die kaum weniger abenteuerlich waren als im US-amerikanischen Subprime-Markt. Viele Darlehen wurden ohne Eigenkapital vergeben, hatten variable Zinsen und liefen über 40 oder 50 Jahre. Um sie abbezahlen zu können, waren Spaniens Haushalte auf steigende Immobilienpreise angewiesen, denn einem durchschnittlichen Schuldendienst von 16 000 Euro jährlich standen durchschnittliche Nettoeinkünfte von 12 000 Euro gegenüber. Kein Wunder, dass Korruption und Schwarzmärkte blühten und Geschäfte besonders gern in bar abgewickelt wurden. Mitte des vergangenen Jahrzehnts bestand Spaniens Bargeldumlauf zu 61 Prozent aus 500-Euro-Scheinen, so viel wie nirgendwo sonst in Europa.

Auch in Irland führten billiges Geld und ein steter

Zustrom ausländischen Kapitals zu immer neuen Flutwellen auf dem Immobilienmarkt. Im Vor-Euro-Zeitalter mussten private Hypothekenschuldner bis zu 16 Prozent Zinsen zahlen, wenn sie ein neues Haus bauen wollten. Danach lagen die Sätze bei höchstens 6 Prozent. Die günstigen Konditionen ließen die Preise explodieren und führten dazu, dass auf der Insel bald dreimal so viele Häuser errichtet wurden wie im europäischen Durchschnitt. In Dublin erreichten die Preise britisches Niveau, und die irische Ostküste verwandelte sich in eine riesige Schlafstadt für die aufstrebende Kapitale.

Der kreditgetriebene Boom im Süden und Südwesten des Kontinents wurde als wirtschaftlicher Aufholprozess gefeiert, in Wahrheit verschärfte er die wirtschaftlichen Ungleichgewichte. In Spanien, Portugal oder Irland lagen die Inflationsraten bald doppelt so hoch wie in der Bundesrepublik, und immer mehr Waren aus dem produktiveren Norden strömten in Europas Südregion, wo sich im Gegenzug noch mehr Schulden auftürmten. Deutschland häufte im Lauf der Jahre immer höhere Überschüsse in seiner Leistungsbilanz an, Länder wie Spanien, Portugal oder Griechenland dagegen wiesen immer größere Defizite auf.

Die wachsenden Spannungen blieben auch den Währungswächtern im Frankfurter Eurotower nicht verborgen. Immer wieder ermahnten sie die Regierungen in den Südregionen, etwas gegen den ungesunden Immobilienboom in ihren Volkswirtschaften zu unternehmen. Doch die Politiker stellten sich taub. Steigende Preise seien nun einmal die Begleiterscheinungen hohen Wachstums, ließ die spanische Regierung wissen. Und Ministerpräsident José Luis Zapatero beantwortete die Vorhaltungen nicht weniger unmissverständlich. Er senkte die Steuern, um die Hausse weiter anzuheizen.

Die Währungshüter waren ratlos. Was sollten sie tun? Separate Zinsen für Spanien oder Irland festzusetzen war ihnen verwehrt. Und die Sätze europaweit anzuheben wagten sie nicht. Schließlich lag die Inflationsrate unverändert bei ihrem Zielwert von 2 Prozent, und im Straßburger Europaparlament wurde ihnen regelmäßig vorgehalten, sie sollten die Zinsen mit Rücksicht auf die Wirtschaftsflaute in Deutschland und anderen Ländern weiter senken.

Gegen diese Stimmung mochten die Währungshüter nicht anrennen. Stattdessen ließen sie wissenschaftliche Papiere verfassen, aus denen immerhin hervorging, dass sie das Problem erkannt hatten. Im April 2005 erschien im Monatsbericht der Zentralbank ein Aufsatz über »Vermögenspreisblasen und Geldpolitik«, der eindringlich vor den Gefahren übermäßig steigender Immobilienpreise oder Aktienkurse warnte und sich angesichts der späteren Entwicklung geradezu prophetisch ausnahm. Wenn die Werte auf den Märkten irgendwann einbrächen, so argumentierten die Autoren, könne dies »eine wirtschaftliche Kontraktion einläuten«, die »ungeordnet verlaufen« und »in Situationen schwerer Verluste sowie verstärkter Unsicherheit in eine Verbraucher-preisdeflation übergehen« könne.

Was die Zentralbankexperten in ökonomischen Fachbegriffen ausmalten, war nichts anderes als das Bild einer schweren Wirtschaftskrise wie in den Drei-ßigerjahren, trotzdem sahen sie für Europas Geldpo-litik keinen Handlungsbedarf. Sie hatten die Gefahr erkannt, aber ihre Schlussfolgerung daraus bestand in einem klaren »Weiter so«. Die Währungshüter soll-ten zwar wie bisher schon die Geldmengenaggregate im Blick behalten, weitere Konsequenzen brauchten jedoch nicht gezogen zu werden. »Vermögenspreise«, stellten sie fest, »sind keine Zielgröße für die Euro-päische Zentralbank.«

Im Sommer 2008, zwei Monate vor dem Lehman-Bankrott, bekräftigte auch EZB-Präsident Jean-Claude Trichet die Linie. Er glaube nicht, erläuterte er in sei-ner üblichen umständlichen Art, dass »es ratsam« sei, »eine Definition von Preisstabilität zu haben«, die »in einer einzigen Messgröße nicht nur die Verbraucher-preise, sondern auch die Vermögenspreise erfasst«. Schließlich beeinflussten Vermögenspreise auch die künftigen Verbraucherpreise, befand Trichet. Des-halb seien sie in den Entscheidungen der Zentral-bank »indirekt berücksichtigt«.

Tatsächlich ging aus Trichets Einlassungen hervor, dass die Frankfurter Währungshüter in einem weite-ren Punkt dem verhängnisvollen Kurs ihrer Washing-toner Kollegen gefolgt waren. Nicht nur, dass sie die Zinsen aus konjunkturellen Erwägungen ähnlich niedrig hielten wie die Fed, sie sahen auch genauso wenig Möglichkeiten, gegen Preisblasen auf Aktien- oder Immobilienmärkten vorzugehen.

So hatte sich die Währungsunion in vielerlei Hinsicht längst in eine Schuldengemeinschaft verwandelt, als Europas Regierungen die Entwicklung weiter vorantrieben. Nachdem Deutschland mehrmals nacheinander die Kriterien des Stabilitätspaktes verletzt hatte, setzte Kanzler Gerhard Schröder gemeinsam mit Frankreichs Präsident Jacques Chirac eine Reform des Vertragswerks durch. Von größerer Flexibilität sprach Finanzminister Hans Eichel beschönigend, von einer »intelligenten« und »konjunkturgerechten« Haushaltspolitik.

Eichels europäische Kollegen dagegen verstanden die Änderungen so, wie sie gemeint waren. Der Stabilitätspakt war tot, um die aufgeweichten Regeln brauchte sich niemand mehr zu kümmern, die Staaten durften wieder Schulden aufnehmen, wie es ihnen gefiel. Der zweite Damm, der die Kredit- und Liquiditätsströme im Euro-Raum bislang zurückgehalten hatte, war geöffnet.

Das Ergebnis fiel entsprechend aus. In 68 Fällen verletzten Europas Staaten seit 1999 die Vorgaben des Paktes. Nur ein Drittel der Verstöße war konjunkturell begründet, der Rest war übermäßiger Staatskonsum auf Pump. Der war eigentlich verboten, doch die angedrohten Strafen wurden in keinem einzigen Fall verhängt. So kam es, dass in vielen Ländern nicht die Einhaltung, sondern die Verletzung des Pakts zur

Regel wurde. Italien verstieß siebenmal gegen die Regeln. Frankreich, Portugal und Deutschland setzten sich sechsmal darüber hinweg, Österreich, Spanien und die Niederlande je dreimal.

Kein Land jedoch lebte so ungeniert über seine Verhältnisse wie Griechenland. Schon in den Neunzigerjahren hatte Athen seine Finanzdaten geschönt, um in die Währungsgemeinschaft aufgenommen zu werden. Danach gab es kein einziges Jahr mehr, in dem die Zahlen stimmten. Offiziell wies die Regierung nahezu ausgeglichene Haushalte aus. Tatsächlich nahm sie fortgesetzt Schulden jenseits aller zulässigen Grenzwerte auf, mit denen sie einen monströs aufgeblähten Staatsapparat finanzierte. So lagen Griechenlands Militärausgaben pro Kopf gerechnet höher als in jedem anderen europäischen Land. Der öffentliche Dienst beschäftigte fast ein Viertel der arbeitsfähigen Bevölkerung, deren Lohnsumme sich innerhalb von nur zwölf Jahren verdoppelte. Wer als Schwerarbeiter eingestuft war, durfte mit 55 Jahren in Rente gehen, wobei zu den geschützten Berufen auch Friseure, Kellner und Radioansager zählten. Bei Frauen in solchen Jobs lag die Altersgrenze bei 50 Jahren.

Der öffentliche Sektor fraß nicht nur einen Großteil der Wirtschaftsleistung, er erstickte auch die private Wirtschaft mit einer Flut absurder Vorschriften, zugleich war die Korruption allgegenwärtig. Im Gegenzug zahlten die Griechen kaum Steuern, weil selbst Chefärzte, Reeder oder Staranwälte angeblich nur durchschnittlich verdienten. Jahr für Jahr entgingen der griechischen Steuerverwaltung so Einnahmen in Höhe von rund 10 Prozent der Wirtschaftsleistung.

Das Ergebnis waren wachsende Staatsdefizite, die Ende des vergangenen Jahrzehnts endgültig außer Kontrolle gerieten. Der Kredit lag inzwischen höher als die Wirtschaftsleistung eines Jahres, einen Großteil ihrer Einnahmen musste die Regierung in den Schuldendienst stecken.

Griechenland war ein pathologischer Fall, doch die Krankheit wütete längst überall in Europa. 1995 hatten lediglich vier der 17 Euro-Länder Staatsschulden in Höhe von mehr als 70 Prozent ihres Bruttoinlandsprodukts aufgehäuft. 15 Jahre später waren es mehr als doppelt so viele, vor allem als Folge der Finanzkrise.

Noch immer verkauften die Politiker ihre Geldunion als Stabilitätsgemeinschaft, und die Frankfurter Währungsbehörde verwies stolz auf die niedrige Inflationsrate von 2 Prozent. In Wahrheit war das Bild von Solidität und Verlässlichkeit längst zu einem Trugbild geworden, hinter dem sich gefährliche Kreditberge türmten. Der komplette Süden Europas stand bei den produktiveren Nordländern in der Kreide, und niemand wusste, wie die aufgenommenen Schulden je zurückgezahlt werden sollten. In Ländern wie Spanien und Irland waren die Immobilienpreise auf ein Niveau gestiegen, das mit den realen Werten nichts mehr zu tun hatte. Und in der gesamten Euro-Zone finanzierten die Regierungen ihre Haushalte nach dem Bruch des Stabilitätspaktes ungeniert auf Pump.

Eine Gemeinschaft der Schuldner war entstanden, deren Basis Mitte des vergangenen Jahrzehnts mindestens so brüchig war wie die der USA. Doch das mochte am Vorabend der Finanzkrise niemand sehen, im Gegenteil. Die Leitungsebene der Euro-Zone in den Regierungszentralen der Mitgliedsländer und in der Chefetage des Frankfurter Eurotowers hing weiter ihren Illusionen nach. Die Fundamentaldaten des Währungsgebiets seien »gesund«, befand Zentralbankchef Trichet noch im Juli 2008, die Euro-Zone leide »nicht unter größeren Ungleichgewichten«, zu rechnen sei mit »anhaltendem moderatem Wachstum«.

Zwei Monate später kollabierte die Investmentbank Lehman Brothers, und es stellte sich heraus, dass die Finanzmärkte Europas nicht weniger infarktgefährdet waren als die der USA. Die Wasserwerker in der Europäischen Zentralbank waren bei ihrem Amtsantritt entschlossen, den Zufluss an Liquidität streng zu kontrollieren. Stattdessen hatten sie Flutwellen ausgelöst, die sich kaum weniger verheerend auswirkten als die Geldschwemmen in den USA.

Bis heute sind Europas Politiker damit beschäftigt, das Wasser abzupumpen, das damals in Teilen des neuen Währungsraums aufgestaut wurde. Die Aufgabe ist nicht zuletzt deshalb so schwierig, weil die übermäßige Flüssigkeitszufuhr zugleich einen der wichtigsten Wirtschaftszweige aufschwemmte: die Finanzindustrie.

Dumm in Düsseldorf

Auf die Vertreter der Kreditwirtschaft war Peer Steinbrück Ende des Jahres 2011 nicht gut zu sprechen. »Die Banker haben die Welt an den Abgrund geführt«, sagte der frühere Finanzminister, wann immer sich ihm bei Auftritten oder in Interviews die Gelegenheit dazu bot. Manager und Branchenfunktionäre würden »keine Regeln entwerfen, die stabilisierend wirken«, mit »teilweise schwindelerregenden Summen von diesem System profitieren« und weiter darauf hinarbeiten, dass »Gewinne privatisiert und Verluste sozialisiert« werden. »Risikoignoranz« und das ständige Bemühen um eine »Disziplinierung von Politik« warf Steinbrück den Bankern vor und klagte, sie wollten im Wesentlichen »so weitermachen wie bisher«.

Ein paar Jahre zuvor hatte sich der Sozialdemokrat noch ganz anders angehört. Im Herbst 2005 besiegelte Steinbrück als künftiger Finanzminister der Großen Koalition einen Regierungsvertrag mit der Union, der dem »Ausbau des deutschen Finanzmarktes« gleich ein ganzes Kapitel widmete. Nicht von Regulierung und Risikovorsorge war darin die Rede, sondern von »Produktinnovationen und neuen Vertriebswegen«. Keine wirksame Finanzkontrolle wurde angekündigt, sondern ein »Möglichkeitspapier zum Bürokratieabbau«, und statt des »Primats der Politik«, den Steinbrück später so gern einforderte, verzeichnete das Abkommen einen Großteil jener Produkte und Prinzipien, die zwei Jahre später in den Ruf kommen sollten, die Finanzkrise wesentlich mit ausgelöst zu haben: vom »Ausbau des Verbriefungsmarktes« bis zu einer »Aufsicht mit Augenmaß«. Es gehe darum, so lautete die Grundphilosophie des Papiers, »überflüssige Regulierungen abzubauen«.

So wie im Berliner Finanzministerium wurde damals auch in den Regierungszentralen von London oder Paris gedacht. Den Kapitalmarkt zu entfesseln hielten Anfang des Jahrtausends nicht nur Investmentbanker und Fondsmanager für die zeitgemäße Form der Wirtschaftsförderung, sondern auch die meisten europäischen Politiker.

Wie in den USA galt die Finanzindustrie auch auf dem alten Kontinent als Zukunftsbranche, von der sich die Regierenden anhaltendes Wachstum und hoch bezahlte Jobs versprachen. Wie in den USA durften sich die Banker weitgehend selbst regulieren, weil Politik und Fachwelt moderne Finanzmärkte für effizient hielten. Wie in den USA sahen die Regierenden die märchenhaften Wachstumsraten und Umsätze der Branche nicht als Gefahr. Sie begriffen sie als Chance, die auch politische Rendite versprach, in Form höherer Steuereinnahmen und zusätzlicher Mittel zur Wählerbeglückung. Das Komplott zwischen Bankern und Politikern, das im Kern der Finanzkrise stand, gründete auf beiden Seiten des Atlantiks in denselben Mechanismen und Anreizstrukturen. Die Banker sahen sich in ihrer Gier nach höheren Renditen und Risiken politisch unterstützt. Die Regierenden wiederum hofften, dass beim Spiel im weltweiten Geldkasino auch für das Allgemeinwohl etwas abfiel oder für das, was sie dafür hielten. So wurde die Politik nicht von der Finanzindustrie unterworfen. Sie lieferte sich ihr freiwillig aus.

Das Ergebnis war eine allgemeine Risikokultur, die nicht nur zum anhaltenden Geld- und Kreditwachstum auf dem Kontinent beitrug, sondern auch mit den Versprechen in Widerspruch stand, die den Europäern bei der Einführung des Euro gemacht worden waren. Von einem einheitlichen Binnenmarkt für Bankprodukte und Geldgeschäfte war damals die Rede, von einem verstärkten Wettbewerb zwischen den Kreditinstituten, von einem grundlegenden Umbau der zersplitterten europäischen Bankenlandschaft.

Doch zu einer solchen Marktöffnung im Sinne der Verbraucher kam es kaum. Allenfalls im Investmentbanking entwickelte sich ein europaweiter Wettbewerb, im Privatkundengeschäft dagegen fehlte es an länderübergreifenden Vorschriften im Steuerrecht und beim Verbraucherschutz.

Als besonders verhängnisvoll sollte sich erweisen, dass Europas Regierungen keine europaweite Bankenaufsicht einrichteten. Hätten sie ihr Versprechen eines einheitlichen Binnenmarktes für Kreditprodukte ernst genommen, hätten sie ein zentrales Aufsichtsamt für die gesamte Europäische Union aufbauen müssen. Stattdessen blieben die nationalen

Kontrollbehörden zuständig, die höchst unterschiedliche Auffassungen darüber pflegten, was unter einem verlässlichen Bankgeschäft zu verstehen ist und was nicht. Finanzwirtschaftlich betrachtet blieben Europas Grenzen intakt, und die nationalen Aufseher achteten penibel darauf, dass ihre Kompetenzen nicht durch Beamte aus dem Nachbarland infrage gestellt wurden.

So kam es, dass Europas Banken und Regierende bald in jeder Hauptstadt ihr eigenes industriepolitisches Bündnis schmiedeten, das in der Regel aus zwei Elementen bestand. Die nationalen Finanzfirmen sollten maximal gefördert, zugleich möglichst viele Geldgeschäfte in die eigenen Grenzen gelockt werden. Was dazu nötig war, lag unter den Bedingungen eines globalen Finanzmarktes auf der Hand. Die Gesetze mussten gelockert werden.

So wurden die Strukturen der eigenen Kreditbranche geschützt, die allgemeinen Regeln zur Risikovorsorge aber immer weiter abgesenkt. Meist mussten die Banker nicht mal mit dem Verlust von Arbeitsplätzen drohen, um Gesetzgeber und Aufsichtsbehörden gegeneinander auszuspielen. In der Regel genügte der Hinweis auf die vorteilhafte Praxis im Nachbarland.

Lockerte Frankreich die Bilanzierungsvorschriften für seine Kredithäuser, forderten spanische Banken umgehend dasselbe. Wurde ein neues Finanzprodukt in London zugelassen, war es alsbald auch in Frankfurt zu bekommen. Gab es ein neues Marktsegment an der Pariser Börse, wurde der Handel wenig später auch in Mailand eröffnet. Was unter dem schönen Titel »Wettbewerb der Finanzmärkte« firmierte, kam jedoch weniger Sparern und Kreditkunden zugute. Es nutzte vor allem den Banken, die sich unter Europas Börsenplätzen bald diejenigen aussuchen konnten, an denen die Auflagen am geringsten und die Aufseher am nachsichtigsten waren. Von einem »Laschheitswettbewerb« spricht der Münchner Ökonom Hans-Werner Sinn.

Nirgendwo hatte diese spezielle Form von Dumping-Konkurrenz fatalere Folgen als beim Festlegen des Eigenkapitalanteils, den Banken für ihre Geschäfte vorhalten müssen. Das Eigenkapital eines Kreditinstituts besteht im Wesentlichen aus dem Wert der ausgegebenen Aktien sowie seinen angesammelten Rücklagen. Es bildet die eiserne Reserve, mit der Banken Verluste etwa aus dem Kreditgeschäft ausgleichen können. Das Eigenkapital ist die Knautschzone eines Geldinstituts, die umso größere Stöße abfangen kann, je dicker sie ist. Richtig ausgelegt ist sie in der Lage, den Bankrott eines Kredithauses genauso abzuwenden wie eine systemische Bankenkrise.

Das Problem in Europa aber lag nun gerade darin, dass der Laschheitswettbewerb der Staaten die Knautschzonen stark ausgedünnt hatte. Die Ursache bestand dabei nicht zuletzt in den damals gültigen Richtlinien des sogenannten Basel-I-Abkommens, die sich in der Finanzkrise als hochgradig unzureichend erwiesen.

Eigentlich sollten sie sicherstellen, dass alle europäischen Banken mindestens 8 Prozent ihrer Bilanzsumme an Eigenkapital vorhielten. Tatsächlich lagen die Quoten häufig darunter; denn die Staaten hatten beim Aushandeln des Vertrags dafür gesorgt, dass ihren Aufsichtsbehörden und Finanzhäusern großer Spielraum für die Interpretation der jeweiligen Bilanzpositionen verblieb.

So gingen viele Kredite nur mit einem Bruchteil ihres Wertes in die Berechnung ein, weil die Schuldner eine vermeintlich hohe Bonität aufwiesen. Darlehen an europäische Staaten etwa wurden gar nicht gezählt, da sie als absolut sicher galten. Kredite an Banken aus EU-Ländern erhielten ein Gewicht von 0,2, Kredite an Hypothekenschuldner ein Gewicht von 0,5.

Zudem setzten die Banken durch, dass sie die Risikobewertung weitgehend selbst durchführen durften, weil angeblich nur sie über das entsprechende Know-how verfügten. Die Aufsichtsbehörden überprüften lediglich, ob das zugrunde liegende Bewertungsschema korrekt war.

So kam es, dass die Banken mithilfe der Basel-Richtlinien »ihre Aktivitäten auf das 40- bis 60-Fache des Eigenkapitals ausweiten konnten«, wie der wissenschaftliche Beirat im Bundeswirtschaftsministerium feststellte. Das Abkommen, dem im vergangenen Jahrzehnt ein zweiter Vertrag (Basel II) folgte, hatte sich als kompletter Fehlschlag erwiesen, der gleich in mehrfacher Hinsicht das Gegenteil dessen bewirkte, was seine Urheber beabsichtigt hatten. Geplant war, die Banken mit mehr Eigenmitteln auszustatten, tatsächlich waren nicht wenige Geldinstitute schlechter kapitalisiert als zuvor. Die Risiken im Kreditsystem hatten nicht ab-, sondern zugenommen. Und anstatt die europäischen Bankbilanzen wie vorgesehen transparent und vergleichbar zu machen, war es nun weitgehend ins Belieben der Geldhäuser gestellt, wie zentrale Kennziffern zu berechnen waren. Das Basel-Abkommen war eine große Wundertüte, in der Kreditrisiken wie durch Zauberhand zusammenschrumpften und die ausgewiesenen Kapitalquoten Sicherheiten vorspiegelten, die es gar nicht gab.

So wirkte das System in der Krise nicht als Bremse, sondern als Beschleuniger. Deutsche Kreditinstitute zum Beispiel wiesen im Jahr 2007 offiziell eine Kernkapitalquote zwischen 7 und 9 Prozent aus. Der Anteil ihres Aktienvermögens an der gesamten Bilanzsumme lag dagegen lediglich zwischen 2 und 2,6 Prozent, was das tatsächliche Verhältnis zwischen Anlagerisiko und Sicherheitsnetz wahrscheinlich viel besser wiedergab. Ähnlich niedrige Eigenkapitalquoten verzeichneten auch viele britische und Schweizer Banken. Dagegen hatten die Kreditinstitute in Italien oder Skandinavien weit größere Risikopuffer angelegt.

Entsprechend unterschiedlich waren die Folgen, als die Finanzkrise ausbrach. Kreditinstitute, die hohe Eigenmittel aufwiesen und einer starken Aufsicht unterlagen, wie die großen Geschäftsbanken Spaniens, überstanden den Sturm weitgehend unbeschadet. Dagegen wurde das deutsche Bankensystem mit seinem hohen Staatseinfluss genauso hart getroffen wie die Finanzhäuser im führenden Versuchslabor des Turbokapitalismus, der Londoner City. Die Ursachen sind nicht schwer auszumachen: In beiden Ländern waren die Geldhäuser unzureichend kapitalisiert, und in beiden Ländern hatten Regierungen und Aufsichtsbehörden den Laschheitswettbewerb besonders weit getrieben.

In Großbritannien etwa gehörte es seit Jahrzehnten zur Staatsräson, den Banken möglichst viel Freiraum zu lassen. Mitte der Achtzigerjahre hatte Margaret Thatcher die traditionellen Geschäftsgrenzen zwischen Investmentbanken und Brokerhäusern aufgelöst und damit den sogenannten Big Bang ausgelöst. In der Folge wurde London zu einem der Zentren der modernen Finanzindustrie. Anstatt Spareinlagen anzusammeln und Kredite zu vergeben, wie es traditionelle Banken taten, organisierten britische Geldhäuser den internationalen Wertpapierhandel, gaben Kreditpapiere und Derivate aus, brachten Staatsanleihen auf den Markt, organisierten Börsengänge.

Die neuen Geschäftsfelder bescherten der Londoner City bald schwindelerregende Wachstumsraten. Der Anteil der britischen Finanzindustrie an der Wirtschaftsleistung stieg seit den Siebzigerjahren von 4 auf über 8 Prozent, die Zahl der Beschäftigten überschritt die Millionengrenze, und die operativen Überchüsse der Branche kletterten von durchschnittlich 9 Prozent in den Neunzigerjahren auf über 18 Prozent im Jahr 2008.

Aus heutiger Sicht waren die Zuwächse zwar weniger in realer Wirtschaftsleistung als vielmehr der Übernahme außergewöhnlicher Risiken begründet, wie der britische Notenbanker Andrew Haldane feststellte. Doch in der ersten Hälfte des vergangenen Jahrzehnts zählte es zur erklärten Politik aller konservativ wie Labour-geführten Regierungen, den vermeintlich fortschrittlichsten Zweig der britischen Wirtschaft nicht durch allzu viele Kontrollen zu stören. »Light-touch regulation«, Aufsicht mit leichter Hand, lautete das Motto, unter dem die zuständige Behörde FSA ein neuartiges Modell kooperativer Kontrolle verstand. Wenn die Banken nur glaubwürdig genug versicherten, dass sie schon selbst darauf achteten, die Risiken zu begrenzen, würden ihre Beamten nicht so genau hinsehen, so lautete die Ansage.

Was die Behörde als »Regulierungsarbitrage« bezeichnete, war in Wahrheit eine besondere Form des Stockholm-Syndroms, wie der Londoner *Economist* spottete. Genau wie die Opfer eines Banküberfalls in der schwedischen Hauptstadt Anfang der Siebzigerjahre freundschaftliche Gefühle für ihre Geiselnehmer entwickelten, hätten sich auch die britischen Finanzaufseher mit den Bankern der Hauptstadt gemein gemacht. Mal saß der Vorstandsvorsitzende eines Kreditinstituts der Einfachheit halber gleichzeitig im Verwaltungsrat der Kontrollbehörde. Mal versicherte der FSA-Chefaufseher seinem Premierminister Tony Blair, dass er die ihm anvertrauten Kredithäuser keinesfalls so scharf zu beaufsichtigen gedenke wie seine Kollegen in den USA.

Dass Blairs Amtsnachfolger Gordon Brown den Kontrolleuren riet, sie sollten nicht nur »mit leichter Hand«, sondern auch »begrenzt« agieren, gehörte genauso zum Bild wie die Tatsache, dass die Regierung Vorsichtsmaßnahmen bei Bankenpleiten für überflüssig hielt. So garantierte der Staat vor der Finanzkrise lediglich Spareinlagen in Höhe von 2000 Pfund – mehr schien nicht nötig, die Banken galten ja als sicher.

Entsprechend unvorbereitet waren Regierung und Behörden, als die US-amerikanische Immobilienkrise auf Europa übergriff. Vor den Bankschaltern der angeschlagenen Hypothekenbank Northern Rock bildeten sich lange Schlangen, weil die Kunden wegen der unzureichenden staatlichen Einlagensicherung ihr Geld abheben wollten. Und als wenig später die Royal Bank of Scotland vom Staat gerettet werden musste, zeigte sich die Aufsicht ebenfalls völlig überrascht. Die Kontrolleure hatten der dünnen Kapitaldecke der Bank genauso wenig Bedeutung beigemessen wie den hohen Verlusten aus einer Fusion mit dem niederländischen Geldhaus ABN Amro.

Dass ihr Vorgehen »unangemessen und verfehlt« gewesen sei, räumte die Behörde in einem Bericht später selbst ein. »Zentrale Geschäftsrisiken« seien falsch eingeschätzt und den »Versicherungen des Managements« zu sehr vertraut worden, hieß es darin. Ursache sei nicht zuletzt das »allgemeine

Klima« gewesen. Wie die meisten Banker und Politiker hätten auch die britischen Kontrolleure darauf gesetzt, dass der Trend zu »Innovation und Komplexität« in den vergangenen Jahren »das Finanzsystem stabiler gemacht« habe. Zudem habe es zu den Aufgaben der Behörde gehört, die »Wettbewerbsfähigkeit des Finanzsektors« zu beachten und »unnötige Regulierungen zu unterlassen«.

Unter den Folgen hatten vor allem die Steuerzahler zu leiden. Neben Northern Rock und der Royal Bank of Scotland musste der Staat drei weitere Kredithäuser unter Kuratel stellen und die gesamte Finanzindustrie mit fast einer Billion Pfund stützen.

Noch fataler verlief die Entwicklung in Irland, wo niedrige Unternehmenssteuern, lockere Finanzgesetze und ein heiß laufender Immobilienmarkt eine besonders explosive Mischung gebildet hatten. Nach einem fast zehn Jahre währenden Boom, der Irland den Ruf eines »keltischen Tigers« eingebracht hatte, waren Mitte des vergangenen Jahrzehnts die Fehlentwicklungen unübersehbar geworden. Die größten Banken hatten ihre Kreditvergabe jahrelang mit Raten zwischen 20 und 30 Prozent ausgeweitet und das Geld oft zu mehr als 70 Prozent in den Bausektor gelenkt. Keine spekulativen Deals mit strukturierten Risikopapieren oder komplizierten Kreditversicherungen waren zu beobachten, sondern eine »klassische Immobilienblase«, wie der Bericht einer Regierungskommission vermerkte, die von einer kleinen Elite aus Bankern, Baumanagern und Politikern gelenkt und von den zuständigen Aufsichtsbehörden geflissentlich übersehen wurde. Die »außergewöhnliche Konzentration« der Risiken vernachlässigten die Aufseher genauso wie die »große Abhängigkeit von einzelnen Schuldnern«. Gegenüber den Banken hätten die Kontrolleure oft eine übertriebene »Ehrerbietung« an den Tag gelegt.

Als die Blase platzte, standen nicht nur die Banken, sondern auch der irische Staat vor dem Ruin. Um die Kreditinstitute vor dem Bankrott zu bewahren, musste die Dubliner Regierung ihnen rund 70 Milliarden Euro zuschießen, fast die Hälfte der jährlichen Wirtschaftsleistung. Mit einem Schlag stieg die Staatsverschuldung auf über 100 Prozent des Bruttoinlandsprodukts, und das Land musste um Hilfe vom Europäischen Rettungsschirm bitten.

Vor der Finanzkrise pflegten sich Politiker in Berlin, Paris oder Brüssel gern von der Wildwest-Ökonomie US-amerikanischer Prägung abzugrenzen und den alten Kontinent als Versuchslabor eines »sozialen Kapitalismus« auszurufen. Die Beispiele Irlands und Großbritanniens bewiesen jedoch, dass sich auch in Europa jenes verhängnisvolle Modell der Risikoverteilung durchgesetzt hatte, das in den Vereinigten Staaten entwickelt worden war. Gewinne aus dem Finanzgeschäft werden privat verbucht, die Verluste hat der Steuerzahler zu tragen.

Das Modell widerspricht nicht nur gängigen Gerechtigkeitsvorstellungen, es fördert auch Fehlverhalten. Wer darauf rechnen kann, vom Staat herausgehauen zu werden, geht erst recht Risiken ein. Zocken wird wirtschaftlich vernünftig, Vorsicht dagegen geschäftsschädigend.

Als Moral Hazard bezeichnen es Ökonomen, wenn leichtsinniges Verhalten auf Kosten der Allgemeinheit gefördert wird. In den Jahren vor der Finanzkrise wurde Moral Hazard zur Leitkultur, und zwar nicht nur in traditionellen Zentren des Marktliberalismus wie Großbritannien oder den USA, sondern auch dort, wo das Bankwesen stark staatlich beeinflusst wurde wie in Deutschland.

Dabei war die Bundesrepublik, volkswirtschaftlich betrachtet, alles andere als ein Krisenzentrum. Es gab keinen Immobilienboom und keine Inflationstendenzen, keine Kreditexzesse der privaten Haushalte und keine Preisblasen auf den Vermögensmärkten. Dennoch waren die Verluste aus dem weltweiten Bankenbeben in Deutschland größer und die Schäden am Finanzsektor gravierender als in den meisten anderen Ländern. Gut 200 Milliarden Euro musste die Bundesregierung bis Oktober 2010 für die Rettung ihrer Kreditinstitute bereitstellen, zahlreiche Großbanken wurden im Zuge der Krise fusioniert, zerschlagen oder teilverstaatlicht, ganze Branchensektoren schrieben über Jahre rote Zahlen. Kaum irgendwo sonst hatten sich die Geldinstitute stärker mit Giftpapieren aus dem amerikanischen Immobilienmarkt vollgesogen wie in der Bundesrepublik, kaum irgendwo sonst waren die Schutzvorkehrungen so löchrig. Wenn die USA der Urheber des Anlageschwindels war und Großbritannien die führende Vertriebsorganisation, so spielte Deutschland die Rolle des depperten Kunden, der sich alles andrehen ließ. Die Giftpapiere seien bei den »dummen Deutschen in Düsseldorf« gelandet, schildert der US-Finanzjournalist Michael Lewis die Auskunft eines Bankers bei einem Hedgefonds-Treffen in New York.

Die Ursache des Debakels war eine besonders verhängnisvolle Mischung aus Staatswirtschaft und verfehlter Deregulierung, mit der Deutschlands Verantwortliche in Politik und Finanzwirtschaft das Kunststück fertigbrachten, die Schwächen beider Systeme miteinander zu verbinden. Die Liberalisierung sorgte dafür, dass Deutschlands Kreditinstitute Risiken anhäuften wie nie zuvor in der Nachkriegsgeschichte. Der starke Staatseinfluss wiederum bewirkte, dass sich in der Finanzindustrie kaum jemand darüber Sorgen machte. Wenn etwas schiefging, so lautete die Kalkulation der Beteiligten, würde ja der Steuerzahler einspringen. Deutschland hatte eine »Moral-Hazard-Konstruktion geschaffen«, urteilt der Ökonom Henrik Enderlein, in der »die Regierung explizit oder implizit große Teile des deutschen Bankensystems garantierte«.

Das Gegenteil von gut ist gut gemeint. So ist es oft in der Politik, und so war es auch beim Versuch zu Beginn des vergangenen Jahrzehnts, das deutsche Kreditwesen auf Weltniveau zu bringen. Allzu offenkundig erschien es damals den Verantwortlichen in Politik und Finanzwirtschaft, dass die Kreditbranche in Europas größter Exportnation immer weiter hinter die internationale Konkurrenz zurückfiel. Anders als in anderen Ländern war mit Sparkassen und Landesbanken noch immer ein Großteil der Branche in Staatsbesitz. Und während die führenden Investmentbanken in den USA und Großbritannien eine Finanzinnovation nach der anderen hervorbrachten, betrieben die deutschen Unternehmen das Bankgeschäft wie vor hundert Jahren. Sie verwalteten brav die Guthaben ihrer Sparkunden, vergaben Kredite an Häuslebauer und Mittelstandsunternehmer und lebten von der Differenz zwischen Darlehens- und Einlagezinsen. Das war ein sicheres Geschäft, aber es brachte kaum noch Gewinn ein, weil die Banken dafür ein riesiges Netz von Filialen in allen Teilen der Republik unterhalten mussten. Mitte der Neunzigerjahre war klar, dass dringend etwas geschehen musste, wenn nicht große Teile der deutschen Kreditbranche in ausländischen Besitz übergehen sollten.

Eigentlich hätte es nahegelegen, die Grenzen zwischen Privat- und Staatsbanken aufzubrechen und im großen Stil Fusionen und Zusammenschlüsse zwischen den Systemen zu befördern. Doch dazu waren weder konservative noch sozialdemokratische Politiker bereit. Die Vertreter von Städten und Gemeinden wollten ihren Einfluss auf die Sparkassen erhalten; die Ministerpräsidenten der Länder schützten ihre Landesbanken, mit deren Hilfe sie politische Projekte finanzieren, Unternehmen retten oder Posten an verdiente Parteigänger vergeben konnten.

Und so verfielen die rot-grünen und rot-schwarzen Bundesregierungen unter Gerhard Schröder und Angela Merkel auf eine andere Strategie. Die traditionellen Strukturen im deutschen Kreditmarkt wurden nicht angetastet, dafür ermunterte die Regierung die Banken, sich im großen Stil am vermeintlich lukrativen Wertpapiergeschäft auf den internationalen Märkten zu beteiligen.

Sie erleichterte es den Banken, Kreditforderungen zu verbriefen und sogenannte Zweckgesellschaften zu gründen, die außerhalb der Bankbilanz und unter Umgehung der üblichen Eigenkapitalregeln geführt werden konnten. Sie gründete gemeinsam mit führenden Vertretern der Bankwirtschaft eine »Initiative Finanzplatz Deutschland«, die dafür eintrat, dass »Regulierung Innovation nicht bremsen, sondern fördern« sollte. Und sie sorgte für ein entsprechendes Klima in der Bankenaufsicht, wie im Jahr 2003 das Nachrichtenmagazin DER SPIEGEL unter Berufung auf ein Positionspapier des Finanzministeriums berichtete. Darin listeten die Beamten als Schwachpunkte der ihrem Ressort unterstellten Bundesanstalt für Finanzdienstleistungsaufsicht nicht nur »Geschwindigkeit« und »Kompetenz« auf, sondern auch »Offenheit für Innovationen«. Es war eine kaum verhüllte Aufforderung an die Behörde, den erwünschten Strategiewechsel im deutschen Finanzmarkt mit der gebotenen Nachsicht zu unterstützen.

Es dauerte nicht lange, bis der Schulterschluss zwischen Regierung und Finanzlobby die erwünschten Resultate lieferte. Deutschlands Banken kauften im großen Stil verbriefte Wertpapiere an, die auf den weltweiten Finanzmärkten unter so exotischen Namen wie Asset Backed Securities oder Collateralized Debt Obligations gehandelt wurden, und lagerten sie in spezielle Zweckgesellschaften aus, die sie vorzugsweise in ausländischen Steueroasen gründeten. Die Düsseldorfer Industriekreditbank, eine Tochter der Staatsbank KfW, legte sich eine entsprechende Filiale im US-Staat Delaware zu, die Sächsische Landesbank eröffnete ein ähnliches Institut in Dublin, die HSH Nordbank verlagerte ihr Wertpapiergeschäft ins Bankenparadies Luxemburg. Der staatlich erwünschte Großeinkauf auf den internationalen Wertpapiermärkten trug dazu bei, dass sich die Auslandsforderungen deutscher Banken zwischen 1999 und 2005 von rund 800 Milliarden Euro auf mehr als 1600 Milliarden Euro verdoppelten.

Der Keim für die Katastrophe war bereits gelegt, als die Regierenden das Wachstum zusätzlich befeuerten. Im Jahr 2001 hatte die Brüsseler EU-Kommission die sogenannte Gewährträgerhaftung für die deutschen Landesbanken gekippt. Bislang konnten sich die Institute besonders günstig Geld borgen, weil ihre staatlichen Eigentümer unbegrenzt für sie hafteten. Nun fiel dieser Vorteil weg – und damit der Kern ihres bisherigen Geschäftsmodells.

Für Deutschlands Ministerpräsidenten wäre das eine gute Gelegenheit gewesen, ihren unzeitgemäßen Staatsbankensektor endlich grundlegend zu reformieren. Doch die Landesfürsten dachten gar nicht daran. Sie wollten ihre praktischen Kapitaldienstleister unbedingt behalten und setzten in Brüssel zusätzlich eine sogenannte Besitzstandsregelung durch. Für alle Kreditgeschäfte, die die Landesbanken bis Mitte 2005 eingingen, durften sie ihren Finanzierungsvorteil weiter geltend machen. Von einer »Übergangsregelung« war die Rede, tatsächlich war es eine mehrere Hundert Milliarden Euro teure Aufforderung, sich mit Krediten noch einmal ordentlich vollzuladen.

Es hat im Vorlauf der Finanzkrise viele dumme Entscheidungen gegeben. Die Übergangsregelung für die Landesbanken kann jedoch den Anspruch erheben, die mit Abstand dümmste gewesen zu sein. Von einem »gamble for resurrection« sprachen später die Ökonomen, vom »Zocken für die Wiederauferstehung«.

Wer die nun folgende Schlussverkaufsaktion unter die Lupe nahm, musste feststellen, dass das keine Übertreibung war. Die Sächsische Landesbank zum Beispiel häufte in ihrer Zweckgesellschaft fragwürdige Wertpapiere in Höhe von fast 40 Milliarden Euro auf, bei einem Eigenkapital von 1,3 Milliarden Euro und einem Landeshaushalt von 16 Milliarden Euro. Bei der Westdeutschen Landesbank belief sich das entsprechende Wertpapiervolumen auf das Fünffache des Kapitalbestands. Immer neue Tochtergesellschaften wurden ins Leben gerufen, immer mehr Papiere angekauft. Bis zum Sommer des Jahres 2008 erhöhten sich die Auslandsforderungen deutscher Banken auf den Rekordstand von mehr als 2,6 Billionen Euro.

Doch obwohl sich die Krise auf dem US-amerikanischen Immobilienmarkt längst abzeichnete, wollte niemand die Gefahren sehen, auch nicht die deutsche Bankenaufsicht. Die Kontrolleure der BaFin und der Bundesbank stritten um Ressourcen und Zuständigkeiten, verließen sich oft blind auf die Analysen von Wirtschaftsprüfern und Ratingagenturen und standen den komplizierten Kredit- und Unternehmenskonstruktionen nicht selten hilflos gegenüber. Vor allem aber wagten sie es nicht, sich dem Druck von Bankenlobby und Politik entgegenzustellen, wie der frühere Bundesbankpräsident Axel Weber im Jahr 2009 auf einer Podiumsdiskussion in Berlin freimütig einräumte. Auf die Frage, warum niemand etwas gegen das abenteuerliche Kreditwachstum in den deutschen Bankbilanzen unternommen habe, antwortete der Geldpolitiker: »Wenn ich vor vier Jahren an die Öffentlichkeit getreten wäre mit der Forderung, die Bilanzsumme der Deutschen Bank, der Commerzbank oder der Landesbanken um die Hälfte herunterzufahren, weil da ein Risiko schlummert, das wir in schlechten Zeiten nicht beherrschen können, hätte das die vereinte Finanzmarktlobby nicht zu Beifallsstürmen hingerissen. Und auch die Politik hätte solche Vorschläge im Vorgriff auf Eventualrisiken kaum zum Gegenstand ihrer Agenda gemacht.«

Schweigen, weil die Wahrheit nicht erwünscht ist: Was Weber auf dem Höhepunkt der Bankenkrise zu Protokoll gab, war nicht nur die Bankrotterklärung eines Kreditaufsehers, sondern auch die wahrscheinlich beste Ursachenanalyse für das folgende Desaster. Während die US-amerikanischen Immobilienpreise auf immer neue Tiefststände stürzten, brachen mit naturgesetzlicher Zwangsläufigkeit die Kredittürme der deutschen Geldhäuser zusammen. Allein in den Jahren 2008 und 2009 häuften die privaten Großbanken der Bundesrepublik zusammen Verluste von rund 25 Milliarden Euro auf, mehr als zwei Drittel ihrer Gewinne aus den Jahren 2004 bis 2007. Bei den Landesbanken überstiegen die Einbußen mit mehr als elf Milliarden Euro sogar die Profite der vorausgegangenen vier Jahre.

Im Sturm des weltweiten Finanz-Crashs hätten Deutschlands Politiker gute Chancen gehabt, die sieche Kreditbranche in der Republik endlich neu aufzustellen. Doch wieder wurde die Gelegenheit verpasst. Praktisch alle Geldhäuser, die im Zuge der Krise in Not gerieten, wurden vom Staat gerettet, von nachhaltiger Gesundung aber konnte vielfach keine Rede sein. Die Commerzbank zum Beispiel, die der Staat besonders großzügig bediente, wies eine so dünne Kapitaldecke auf, dass sie in ständiger Gefahr schwebte, erneut beim Staat um Hilfe bitten zu müssen. Den maroden Landesbanken wiederum injizierte der Staat im Krisenjahr 2008 einen hohen zweistelligen Milliardenbetrag an frischem Kapital. Doch welches Geschäftsmodell die verbliebenen sieben Institute künftig verfolgen sollen, blieb genauso ungeklärt wie die Frage, in welcher Form sie künftig mit ihren wichtigsten Anteilseignern, den öffentlich-rechtlichen Sparkassen, zusammenarbeiten sollen. Die Strukturen auf dem deutschen Finanzmarkt, urteilt Ökonom Enderlein, »blieben nahezu unverändert«.

Deutschlands Politiker aber feierten ihre fragwürdige Bankenrettung weiter als Erfolg, eigene Fehler konnten sie nicht erkennen. Die missratene Deregulierungsstrategie des SPD-geführten Finanzministeriums etwa rechtfertigte Exressortchef Steinbrück stets mit dem vorherrschenden ökonomischen Zeitgeist. Dem sei »auch die rot-grüne Bundesregierung teilweise erlegen«, befand er, »aber weniger als andere Regierungen«. Außerdem hätten »fast alle Wirtschaftsredaktionen und auch die Wirtschaftswissenschaften die Weisheiten der Deregulierung zusammen mit dem Muster des Shareholder Value runtergebetet«.

Das war ein gängiges Erklärungsmuster sozialdemokratischer Kabinettsmitglieder, aber bestenfalls die halbe Wahrheit. Zum einen war es gerade die Kombination mit der Staatswirtschaft, die dem Marktliberalismus in Deutschland so verheerende Wirkungen verlieh. Zum anderen kamen andere Länder, in denen der Staat seine klassische Ordnungsfunktion ausübte, weit besser durch die Krise. So unterband etwa die spanische Nationalbank konsequent alle Versuche ihrer landesweiten Großbanken, nach deutschem Vorbild ausländische Zweckgesellschaften für den Wertpapiererwerb zu gründen. Auch die italienischen Kreditkontrolleure sorgten dafür, dass ihre Banken sich bei den riskanten Wetten am US-amerikanischen Immobilienmarkt zurückhielten. In der Folge kamen spanische und italienische Privatinstitute weit besser durch die Finanzkrise als ihre Bankerkollegen aus der Bundesrepublik.

Tatsächlich wurde die Finanzkrise durch nichts so sehr befördert wie durch politische Fehlentscheidungen, und es gehört zu den interessanten Aspekten des Geschehens, dass in den kapitalistischen USA ähnliche Versäumnisse zu beobachten waren wie in der Bundesrepublik. In beiden Ländern wurden die Märkte entfesselt, ohne im Gegenzug die Risiken ausreichend in den Blick zu nehmen. In beiden Ländern arbeiteten Politik und Finanzwirtschaft Hand in Hand an einer gemeinsamen industriepolitischen Agenda. In beiden Ländern stand der Staat bereit, um Finanzfirmen zu retten, die sich auf den Märkten verspekuliert hatten.

So kam es, dass die US-amerikanische Krankheit in Europa besonders große Schäden verursachte. Sie bereitete den Boden für jenes Drama, das sich zu entfalten begann, als sich die Politiker des Kontinents besonders sicher wähnten.

Wer rettet die Retter?

Die Besucher, die im Frühling 2010 zur Eröffnung der Computermesse Cebit nach Hannover gekommen waren, erlebten eine zufriedene und hoffnungsfrohe Kanzlerin. Vor ein paar Monaten hatte Angela Merkel die Bundestagswahl gewonnen, die deutsche Wirtschaft meldete glänzende Geschäftsdaten, und die neue christlich-liberale Koalition hatte gute Aussichten, die anstehenden Landtagswahlen in Nordrhein-Westfalen zu gewinnen.

Alles schien auf bestem Wege, und die Kanzlerin wusste auch, worauf das zuvörderst zurückzuführen war. »Der Euro hat uns sicher durch die Krise geführt«, sagte sie auf ihrer Rede zur Messe-Eröffnung. »Es ist gar nicht auszudenken, was in diesen Turbulenzen der Weltwirtschaft los gewesen wäre, wenn nicht die gemeinsame Währung eine große Leitwirkung gehabt hätte.«

So sahen das auch ihre Zuhörer aus der Industrie. Hätte es die D-Mark noch gegeben, so lautete die Befürchtung, wäre sie im Gefolge der Finanzkrise wohl stark aufgewertet worden. Deutsche Waren hätten sich weltweit verteuert, mit möglicherweise katastrophalen Folgen für die Konjunktur. Nun aber hielt der Euro die Kurse stabil, das Exportgeschäft brummte, und die deutschen Unternehmen waren genauso zufrieden wie die Kanzlerin. Es habe sich als positiv herausgestellt, dass sich die europäischen Staaten »in einem gemeinsamen Währungsraum verbunden haben«, befand sie. Dies sei »ein großes historisches Gut«, ja »eine historische Errungenschaft«.

Keine zwei Monate später beantragte Griechenland Hilfe bei der EU, und nicht nur der Kanzlerin wurde klar, das sich die Errungenschaft zum Albtraum zu entwickeln begann. Der ersten Griechenland-Hilfe folgte eine zweite, mehrere Rettungsschirme für die gesamte Währungszone wurden aufgespannt, Hilfspakete für Portugal und Irland geschnürt. Ein Großteil jener Versprechen wurde gebrochen, die den Deutschen beim Euro-Start feierlich gegeben worden waren: von der Zusage, niemals für die Schulden anderer Länder einstehen zu müssen, bis zum Verbot für die Zentralbank, Finanzhilfe für Staaten zu leisten.

Billiges Geld und entfesselte Märkte hatten die Finanzkrise ausgelöst, billiges Geld und entfesselte Märkte befeuerten auch die Euro-Krise. Nach dem Crash des Jahres 2008 schwebten viele Geldhäuser auf dem Kontinent zwischen Leben und Tod, zugleich hatten die Staatsschulden jene kritische Grenze überschritten, die Investoren zweifeln lässt, ob sie ihr Geld zurückbekommen.

Zu beobachten war eine doppelte Schuldenkrise, zu der sich noch eine dritte hinzugesellte. Schon immer hatte Europas Norden produktiver gewirtschaftet als die Länder des Mittelmeerraums, im Zuge der Krise aber waren die Kapital- und Warenströme auf dem Kontinent endgültig aus der Balance geraten. Immer weniger Güter flossen von Süd nach Nord;

immer mehr Güter strömten in die Gegenrichtung, und so mussten Länder wie Spanien, Griechenland oder Portugal ihre Handelspartner zunehmend anpumpen, um die Einfuhren bezahlen zu können. Im Gegenzug war Deutschland zum Großgläubiger der Südländer aufgestiegen und hatte sich damit in eine Lage gebracht, die nur auf den ersten Blick komfortabel schien. Je mehr Exporte nämlich in die Staaten jenseits der Alpen gingen, desto höher stiegen dort die Schulden und desto größer wurde die Gefahr, dass die Kredite nicht zurückgezahlt werden konnten.

Entsprechend bot Europas Wirtschaft im Jahr zwei nach Lehman ein gespaltenes Bild. Einerseits war der Kontinent stark verschuldet. Andererseits türmten sich die Kreditberge längst nicht so hoch wie in den übrigen Krisenzonen des Westens. Der Schuldenstand der Euro-Staaten war geringer als der Japans, und die Leistungsbilanz der Währungsgemeinschaft wies ein niedrigeres Defizit auf als die der USA. Die Euro-Staaten standen untereinander in der Kreide, kaum aber gegenüber dem Ausland.

Vor allem aber nahm sich der Auslöser der Währungsturbulenzen, die Staatsschulden der Athener Regierung, im weltweiten Krisendrama eher wie eine Petitesse aus. Die griechische Wirtschaft trug nicht einmal 3 Prozent zur ökonomischen Leistung in der Euro-Zone bei. Wie sollte ein solcher Winzling den zweitgrößten Währungsraum der Welt in Bedrängnis bringen?

Dass es doch dazu kam, war politisches Versagen. Europas Regierungschefs, angeführt von Kanzlerin Merkel und Frankreichs Präsident Nicolas Sarkozy, fanden kein Rezept gegen die Krise. Sie retteten, wo nichts mehr zu retten war, und spielten auf Zeit, wo sie besser schnell gehandelt hätten. Den Spekulanten wollten sie das Handwerk legen und gaben ihnen neues Futter. Sie setzten auf immer mehr Integration und trieben Europa auseinander.

Ständig wechselten die Regierungen die Therapie, doch woran es fehlte, war vor allem eine ehrliche Diagnose. Stattdessen warfen die Nordländer dem Süden Schlendrian vor, die Mittelmeerländer wiederum klagten über Deutschlands expansive Exportstrategie. Die einen verlangten zusätzliche staatliche Sparprogramme, die anderen wollten Deutschlands Ausfuhren begrenzen.

Zu gemeinsamem Handeln war Europa nicht fähig, und so musste am Ende fast immer die Zentralbank als Retter einspringen. Wie in den USA kauften die Währungshüter im großen Stil staatliche Kreditpapiere auf, sodass auch Europa der Krise mit jener Strategie zu begegnen versuchte, von der sich Kanzlerin Merkel in ihren Grundsatzreden stets wortreich zu distanzieren pflegte: die durch billiges Geld verursachte Krise durch neues, billiges Geld zu bekämpfen.

Dabei gab es in Europa kein Liquiditäts-, sondern ein Schuldenproblem. Genauer, es gab drei Schuldenprobleme, die jeweils eine eigene Antwort verlangten. Erstens, Griechenland war bankrott, ein echter Schuldenschnitt unvermeidlich. Zweitens, die übrigen Südländer waren sanierungsfähig, benötigten aber Hilfe. Drittens, um die Ungleichgewichte in den europäischen Kapital- und Warenströmen abzubauen, musste der Währungsraum wirtschaftlich und finanzpolitisch enger zusammenwachsen.

Ähnliche Analysen kursierten auch in den Denkfabriken und Expertenzirkeln. Doch die Rettungspolitik der Staaten zeichnete sich nicht durch eine ehrliche Bestandsaufnahme aus, sondern durch Schönfärben, Verdrängen und Gesundbeten. Ein Euro-Gipfel jagte den nächsten, ihre Ergebnisse aber blieben stets hinter dem zurück, was notwendig war. Regelmäßig feierten die Regierungschefs ihre Beschlüsse als Durchbruch, nur um sich kurze Zeit später eingestehen zu müssen, dass es mal wieder zu wenig, zu spät war. Die Treffen der Regierungschefs wurden schon deshalb zur Dauereinrichtung, weil es sich als notwendig erwies, ihre Ergebnisse in immer kürzeren Abständen zu korrigieren.

Nirgends zeigte sich das deutlicher als beim Problemfall Griechenland. Als am Jahresanfang 2010 das ganze Ausmaß der Athener Kreditkrise sichtbar wurde, versuchte es Kanzlerin Merkel zunächst mit jener Strategie, die sie von ihrem langjährigen Förderer Helmut Kohl gelernt hatte: Aussitzen. Griechenland müsse seine Probleme selber lösen, ließ sie wissen, Kredite aus Deutschland werde es nicht geben. Doch schon Anfang Mai beschloss die Europäische Union das erste Hilfspaket für das Land im Umfang von 110 Milliarden Euro, dem ein Jahr später ein weiteres Programm im Umfang von 109 Milliarden folgte.

Von »schonungsloser Analyse« und »konsequentem Aufdecken« sprach Merkel damals, tatsächlich jedoch enthüllte das Programm vor allem die Fehlschlüsse der europäischen Rettungsstrategie. Denn die neuen Kredite nahmen dem Land keine Lasten ab, sie fügten im Gegenteil neue hinzu. Obwohl sich die Griechen zu Sparmaßnahmen im Wert von 10 Prozent des Bruttoinlandsprodukts verpflichteten, würde der Schuldenberg des Landes auf mehr als 160 Prozent der Wirtschaftsleistung anschwellen. Wollte Athen ihn abtragen, so ging aus den Zahlen hervor, war eine Sparleistung nötig, wie sie kein europäischer Staat in der Nachkriegsgeschichte je erbracht hatte.

Schon bald war klar, dass Griechenland auf diesem Weg nicht gesünder, sondern kränker werden musste. Je mehr das Land sparte, desto schwächer wurde die Wirtschaft. Je mehr die Konjunktur einbrach, desto drückender wurden die Schulden. Eine Todesspirale war in Gang gesetzt, aus der sich das Land nicht mehr aus eigener Kraft befreien konnte.

Doch anstatt endlich den unvermeidlichen Schuldenschnitt einzuleiten, konnten sich Europas Regierungschefs wieder nur zu einer halbherzigen Maßnahme durchringen. Ende 2011 beschlossen sie, Griechenlands privaten Gläubigern einen zusätzlichen Sanierungsbeitrag abzuringen. Schon zuvor hatten sich Banken und Versicherungen bereit erklärt, auf einen Teil ihrer Forderungen gegen die Athener Regierung zu verzichten. Nun sollte dieser sogenannte freiwillige Beitrag auf 50 Prozent der Kreditsumme steigen, was den Schuldenberg des Landes auf 120 Prozent der Wirtschaftsleistung drücken sollte.

Das war weniger als bisher, aber immer noch zu viel für den siechen griechischen Staat, dessen Reformen nicht vorankamen und dessen Wirtschaft weiter schrumpfte. Erneut verfehlte das Land die vereinbarten Ziele, und so musste keine drei Monate, nachdem das jüngste Hilfspaket verabschiedet worden war, schon wieder über seine Aufstockung verhandelt werden. Wieder gab es die Gelegenheit für einen echten Neuanfang, wieder wurde sie verpasst. Statt über die unvermeidbare Staatspleite verhandelten die Mächtigen in Athen und Brüssel lieber darüber, den Sanierungsanteil der Privaten anzuheben.

Gut zwei Jahre, nachdem die Athener Regierung eingeräumt hatte, ihre Defizitzahlen jahrelang geschönt zu haben, war eine düstere Bilanz der bisherigen Rettungsbemühungen zu ziehen. Eine Lösung des griechischen Schuldendramas war nicht in Sicht, die Bevölkerung rebellierte, und die privaten Gläubiger des Landes fühlten sich von den europäischen Regierungschefs hintergangen. Erst waren sie mit der Versicherung zu weiteren Griechenland-Engagements gedrängt worden, es werde keinen Schuldenschnitt geben. Dann hatte ihnen die Euro-Zone einen 50-prozentigen, danach einen 70-prozentigen Forderungsverzicht zugemutet, ohne die staatlichen Geld-geber einzubeziehen. Damit waren weitere Verluste programmiert, und nicht wenige Investoren fragten sich, ob eine frühzeitige Umschuldung nicht besser gewesen wäre. Vor allem aber rätselten sie, wie glaub-würdig die Euro-Staaten noch als Schuldner waren. Es werde in ihrem Währungsraum keinen Forde-rungsausfall geben, so hatten die Regierungschefs auf ihren Gipfeln stets gelobt. Doch was waren diese Zusagen noch wert, wenn sie im Fall Griechenlands so bedenkenlos beiseitegeräumt wurden?

Die Frage wurde vor allem deshalb mit besonderer Dringlichkeit gestellt, weil der zweite Teil der euro-päischen Rettungsstrategie ähnliche Zweifel nährte. Um auch die übrigen europäischen Krisenländer Por-tugal, Spanien und Irland zu schützen, hatten die Euro-Staaten auf einem denkwürdigen Gipfelwochen-ende im Mai 2009 einen europaweiten Rettungs-schirm im Umfang von 750 Milliarden Euro beschlos-sen. Mit dem Geld sollten die Kurse südeuropäischer Staatsanleihen gestützt werden, die im Gefolge der Griechenland-Hilfen unter Druck geraten waren.

Politiker wie Investoren zeigten sich beeindruckt. Erstmals hatten die Euro-Staaten ein Programm ver-abschiedet, das der Krise etwas Wirkungsvolles ent-gegenzusetzen schien. Eine Dreiviertel Billion Euro, das war genug Geld, um Portugal und Irland gleich für mehrere Jahre von den Finanzmärkten unabhän-gig zu machen. So sollten sie die nötige Zeit gewin-nen, um ihre Haushalte gründlich zu sanieren.

Die Theorie war gut, nur die Praxis ließ zu wünschen übrig. Kaum war der Rettungsplan verkündet, begannen führende Vertreter der Euro-Zone schon, daran herumzumäkeln. Das Volumen des Fonds sei zu klein, um die möglichen Risiken abzudecken, befanden sowohl Bundesbankpräsident Axel Weber wie EU-Kommissionschef José Manuel Barroso.

Dann wurde wie zur Bestätigung bekannt, dass die Kriegskasse tatsächlich über weniger Geld verfügte, als offiziell ausgewiesen. Denn zu den Einzahlern gehörten auch Länder wie Italien, bei denen es selbst Zweifel an der Zahlungsfähigkeit gab. Entsprechend musste ein Teil der Fondsmittel als Reserve zurückgestellt werden, er stand nicht für Kredite zur Verfügung.

Nichts aber irritierte die Anleger so wie die deutschen Pläne zur sogenannten Privatgläubiger-Haftung. Vor allem Finanzminister Schäuble drängte darauf, bei künftigen Umschuldungsfällen Banken und Versicherungen zu beteiligen, so wie es die Deutschen auch bei Griechenland gefordert hatten. Für Schäuble war das ein Gebot der Gerechtigkeit, doch viele Investoren fragten sich, warum sie bei Anleihen der Euro-Zone ein Risiko akzeptieren sollten, das es bei Papieren aus den USA oder Japan nicht gab. Und so begann, was sich bald zum größten Brandbeschleuniger der Krise entwickeln sollte: die Flucht der Investoren aus Euro-Anleihen.

Früher galten europäische Bonds als nahezu risikolose Anlagen, die auf den weltweiten Finanzmärkten in fast dieselbe Sicherheitsklasse eingeordnet wurden wie Gold oder andere Sachwerte. Nun standen sie bei den Investoren unter Generalverdacht, so wie einst die Ramschpapiere vom amerikanischen Subprime-Markt.

Es gehört zu den Skurrilitäten der Euro-Krise, dass die Verteidiger der Währungsunion in ihrer Not zu Instrumenten greifen mussten, die in der Finanzkrise zu trauriger Berühmtheit gelangt waren. Der Europäische Rettungsschirm wurde in der Rechtsform einer Zweckgesellschaft geführt, wie sie einst deutsche Landesbanken in Irland oder den USA zur Verschleierung ihrer Geschäfte gegründet hatten. Und um das Volumen ihres Hilfsfonds zu vergrößern, der nun auch Italien schützen sollte, setzten die Euro-Staaten nach dem Vorbild von Investmentbanken oder Hedgefonds einen sogenannten Kredithebel ein. Nach demselben Modell, mit dem Spekulanten die Wirkung ihrer Geschäfte an Rohstoff- oder Devisenbörsen vervielfachen, sollte auch der Rettungsschirm nur einen Teil der von ihm eingesetzten Mittel selbst beisteuern, der Rest sollte von privaten Investoren kommen. So wollten die Euro-Staaten den Umfang ihrer Hilfskasse von einigen Hundert Milliarden auf mehr als eine Billion Euro ausweiten: hebeln, wie es im Bankerjargon heißt.

Das Problem war nur, dass die Finanzmärkte inzwischen die Lust an den Tricks aus den Zeiten der Kreditblasenökonomie verloren hatten. Als die Euro-Staaten für ihr Hebelmodell in Südostasien oder den

Golfstaaten auf Werbetour gingen, ernteten sie nur mäßiges Interesse. Der verwegene Plan, die Währungsunion mithilfe derjenigen zu verteidigen, die als ihre Hauptgegner galten, ging nicht auf.

Zum größten Fehlschlag aber sollte der dritte Bestandteil der europäischen Rettungsstrategie werden, der Umbau der Währungsunion. Den Maastricht-Vertrag mit seinen Konvergenzkriterien und Haushaltsregeln hatten Europas Regierungschefs fortgesetzt gebrochen. Nun bestand vor allem die Kanzlerin darauf, ihn in einer gehärteten Variante neu aufzulegen. Die Euro-Staaten sollten sich verpflichten, keine neuen Schulden aufzunehmen. Wer das Gebot verletzte, musste mit Strafen rechnen, und anders als in der Vergangenheit sollte es keine Möglichkeit mehr geben, sich davor zu drücken. Von »automatischen Sanktionen« war die Rede.

Doch was Merkel als »konsequenten Weg in Richtung Fiskal- und Stabilitätsunion« bezeichnete, war in Wahrheit nur ein halber Schritt. Es war eine Maßnahme gegen die übermäßige Staatsverschuldung, aber nicht gegen die übermäßige Verschuldung ganzer Volkswirtschaften. Dabei hatte gerade die Finanzkrise gezeigt, dass die verhängnisvolle Kreditexpansion mindestens genauso häufig im privaten wie im öffentlichen Sektor ihren Ausgang nahm. In Irland und Spanien zum Beispiel gab es zunächst eine Immobilien- und Bankenkrise. Die Staatsschulden stiegen erst, als die Regierung für einen Großteil der notleidend gewordenen Finanzkredite einspringen musste.

Entsprechend folgerichtig wäre es gewesen, auch jene Verschuldung in den Blick zu nehmen, die sich aus den Kapital- und Handelsströmen innerhalb Europas ergab. Wie konnte verhindert werden, dass der Norden immer größere Überschüsse anhäufte? Wie ließ sich der Süden wieder konkurrenzfähig machen?

Doch auf diese Fragen hatte Merkel keine Antwort, allenfalls die, überall in Europa das Rentenalter heraufzusetzen. Den Vorschlag, die Ungleichgewichte durch zusätzliche Transfers auszugleichen, lehnte sie genauso ab wie die Idee der französischen Finanzministerin Christine Lagarde, die Überschussländer sollten mehr konsumieren. »Die gegenwärtige Krise«, befand Merkel trotzig, »ist von der Ursache her eine Staatsschuldenkrise.«

Entsprechend untauglich blieb Europas Rettungsstrategie. Die Konstruktionsmängel der Währungsunion wurden nicht beseitigt, dem Hilfsfonds fehlte die nötige Finanzkraft, und im Fall Griechenlands hielten die Regierungschefs allzu lange an der Illusion fest, Athen könne allein durch Sparen wieder konkurrenzfähig werden. Leugnen, verdrängen, schönfärben: Was Europa nach dem Lehman-Crash den USA angelastet hatte, musste es nun gegen sich selbst gelten lassen.

Das verfehlte Krisenmanagement sorgte nicht nur dafür, dass die Spekulationen um die Währungsunion immer neue Nahrung erhielten, es zwang auch jene Institution zum Eingreifen, die Merkel nach eigenem Bekunden am liebsten vom Spielfeld ferngehalten hätte. Um die Defizite der staatlichen Rettungspolitik auszugleichen, musste verstärkt die Zentralbank die Anleihekurse überschuldeter Euro-Länder stützen.

Schon im Mai 2010 hatte sich Zentralbankpräsident Jean-Claude Trichet breitschlagen lassen, im großen Stil griechische, portugiesische oder irische Papiere aufzukaufen. Seither griffen die Währungshüter immer dann ein, wenn nach einem verpatzten Euro-Gipfel die Kurse der entsprechenden Anleihen einbrachen. Bis zum Sommer 2011 hatte die Zentralbank so Staatspapiere im Umfang von rund 80 Milliarden Euro gekauft.

Dann geriet auch Italien ins Visier der Märkte, und die Geldbehörde musste ihre Käufe ausweiten. Innerhalb weniger Monate stieg der Bestand riskanter Staatsanleihen im Zentralbankdepot um weitere 120 Milliarden Euro. Die deutschen Vertreter im Zentralbankrat und auch Kanzlerin Merkel wandten sich gegen die Käufe, doch verhindern konnten sie sie nicht. Da die staatlichen Rettungsmaßnahmen nicht ausreichten, mussten am Ende die Währungshüter eingreifen.

So bewirkte Merkel das Gegenteil von dem, was sie eigentlich beabsichtigt hatte. Beim Versuch, Europa zu einer Stabilitätspolitik deutscher Prägung zu verpflichten, bahnte sie einer Politik nach US-Vorbild den Weg. Sie schimpfte über die Strategie des billigen Geldes, doch am Ende war sie froh, dass die Währungshüter eingriffen. Sie kritisierte die Taschenspielertricks der Finanzindustrie – und machte den Kredithebel zum Instrument ihrer Krisenpolitik. Sie predigte die Unabhängigkeit der Notenbank, doch als sich Italiens Kreditkrise im Herbst 2011 zuspitzte, forderte sie gemeinsam mit Frankreichs Präsident Sarkozy die Währungsbehörde zum Eingreifen auf.

Im Zuge der Euro-Krise veränderte auch die Zentralbank ihr Gesicht. Schon im ersten Jahrzehnt ihres Bestehens hatten Europas Währungshüter eine Politik betrieben, die immer stärker dem US-Vorbild folgte. Nun, im Zuge der Euro-Krise, verstärkten sich die Parallelen. Genau wie die Fed senkten auch Europas Zentralbanker die Zinsen fast auf Nullniveau, sie stützten die Banken mit milliardenschweren Liquiditätshilfen und kauften im großen Stil staatliche Wertpapiere auf. Zwar entzogen sie das Geld, das sie dabei schufen, den Märkten wieder – damit kein Druck auf die Preise entsteht. Doch dieses sogenannte Sterilisationsverfahren hat Grenzen. Je mehr Schulden die Zentralbank übernimmt, desto größer wird die Inflationsgefahr.

Nun hängt ihre Bilanz von der Kursentwicklung staatlicher Anleihen ab, und es ist nicht auszuschließen, dass sie selbst in die Verlustzone rutscht, wenn Länder ihre Schulden nicht mehr bedienen können und die Papiere entsprechend an Wert verlieren. Die Zentralbank, deren Hauptaufgabe es ist, den Leitzins festzulegen, hat damit selbst ein Interesse an niedrigen Zinsen. Sie wird zur Partei, die den Staaten schon aus Eigeninteresse zu günstigen Kreditbedingungen verhelfen muss und, wenn sie es für nötig hält, selbst aktiv ins politische Geschehen eingreift. Als Italiens Premier Silvio Berlusconi im Herbst 2011 zögerte, die notwendigen Sparprogramme auf den Weg zu bringen, half der neue Zentralbankpräsident Mario Draghi, ihn aus dem Amt zu drängen.

Ihre eigentliche Ursache aber hat die Euro-Misere im tief verwurzelten Missverständnis der Europäer über den Charakter ihrer Währungsunion. Die Südländer kritisieren die deutschen Exporterfolge, dabei profitieren sie davon, wenn der Kontinent in der Konkurrenz mit Asien oder den USA mithalten kann. Die Deutschen wiederum beklagen die mangelnde Wettbewerbsfähigkeit von Griechen, Portugiesen oder Spaniern – und vergessen dabei, dass sich die Südländer heute, anders als früher, nicht mehr mit einem einfachen Mittel gegen die übermächtige Konkurrenz des Nordens zur Wehr setzen können. Das Instrument der Abwertung, mit dem sie früher regelmäßig ihre Wettbewerbsfähigkeit zurückgewinnen konnten, haben sie mit dem Start der Währungsunion verloren.

Merkel hat recht, wenn sie den Euro retten will. Sie hat unrecht, wenn sie nicht die notwendigen Konsequenzen zieht. Die Währungsunion wird nur überleben, wenn Europa zu einem neuen Konsens findet: mehr wirtschaftliche Dynamik für die Euro-Zone einerseits, zusätzliche Ausgleichsmechanismen für diejenigen, die im Wettbewerb zurückbleiben, andererseits.

Dass so etwas funktionieren kann, zeigen erfolgreiche Föderalstaaten mit einheitlicher Währung wie die USA oder die Schweiz. Es geht nicht mehr darum, eine Fiskal- und Transferunion in Europa zu verhindern. Es geht darum, wie sie aussieht.

Ein Barkeeper räumt auf

Richard Cantillon war ein irischer Bankier, der sein Vermögen im frühen 18. Jahrhundert in Frankreich machte. Er übernahm das Geldhaus seines Cousins, spekulierte mit Aktien und bereicherte sich an den großen Börsen-Crashs seiner Zeit, dem Mississippi-Schwindel und der Südsee-Blase.

Der Mann wusste also, wovon er sprach, als er in seinem Hauptwerk, der *Abhandlung über die Natur des Handels im Allgemeinen*, eine Theorie der Inflation entwickelte. Danach verteilen sich die Vorteile einer allgemeinen Erhöhung des Preisniveaus nicht gleichmäßig über die gesamte Volkswirtschaft, sondern verschaffen einigen Gesellschaftsgruppen besondere Privilegien. Wenn etwa ein Fürst mehr Goldmünzen prägen lässt, um sie in Umlauf zu bringen, so wächst zunächst die Kaufkraft der Minenbesitzer, dann die der Münzhersteller und schließlich all der anderen staatsnahen Branchen, die mit der Produktion und Verteilung von Geld zu tun haben. Sie sind die Ersten, die das neue Zahlungsmittel ausgeben können. Sie haben ihren Schnitt gemacht, bevor die übrige Bevölkerung bemerkt, dass sie es nicht mit einer allgemeinen Erhöhung der Einkommen, sondern lediglich mit einer Vermehrung der Liquidität zu tun hat. Sie profitieren von der Flutwelle, die andere Bereiche der Wirtschaft unter Wasser setzen wird.

Cantillon-Effekt nennen die Volkswirte auch heute noch jene besondere Verteilungswirkung einer Inflation, die in Zeiten von Internet-Banking und Computerhandel allerdings andere Branchen und Berufsgruppen begünstigt als in der Epoche des irisch-französischen Ökonomen. Heute sind die Minenbesitzer die Banken, und die modernen Münzhersteller sind jene vielgestaltigen Zweige und Sektoren der Finanzindustrie, die als Erste den Gewinn einstreichen, wenn die Notenbank den Leitzins senkt. Sie können das billige Geld vor allen anderen weiterverleihen und so von der höheren Spanne zum Marktzins für Kredite, Staatsanleihen oder Hypothekendarlehen profitieren, die ihren Gewinn definiert. Sie waren die Begünstigten jener Flutwellen, die in den vergangenen Jahren in regelmäßigen Abständen die Aktien-, Immobilien- oder Anleihemärkte überschwemmten. Ihre Segnungen für die Finanzwirtschaft wurden noch dadurch gesteigert, dass die Risiken auf heutigen Kapitalmärkten anders verteilt sind als zu Cantillons Zeiten. Damals gingen Banker und Börsianer bankrott, wenn eine Spekulationsblase platzte. Heute werden sie vom Staat gerettet.

So besehen muss die Kritik der Occupy-Bewegung an der modernen Geldindustrie in einem wichtigen

Punkt relativiert werden. Die Banker zu schmähen ist insofern berechtigt, als sie die Profiteure jener angelsächsischen Form des Kapitalismus waren, die in den vergangenen Jahrzehnten die Welt beherrscht hat. Sie ist unberechtigt, weil die Krise nicht von der Geldindustrie verursacht wurde, sondern von jenen Politikern und Bürokraten, die mit der giftigen Kombination aus billigem Geld und ungeregelten Märkten die Finanzbranche über jedes vernünftige Maß hinaus begünstigten. Nicht die Macht der Banken ist der Ausgangspunkt der Krise, sondern ein industriepolitisches Komplott zwischen Staat und Finanzindustrie. Zum gegenseitigen Nutzen entzogen die Eliten in Ministerien und Konzernvorständen der Gesellschaft die Kontrolle über jenes Gut, das für das Funktionieren einer Marktwirtschaft von herausragender Bedeutung ist: das Geld.

Kein Komplott zu Lasten der Allgemeinheit ist ohne Helfer denkbar. Es benötigt Experten, die ihm das notwendige technische und bürokratische Wissen zur Verfügung stellen. Es braucht Ideologen, die eine kritische Öffentlichkeit davon überzeugen, dass die Verschwörung im gesellschaftlichen Interesse liegt.

So war es auch bei der Organisation des größten Gelduntergangs der jüngeren Geschichte. Als Experten dienten dem Komplott die Notenbanker, die sich allzu willfährig bereitfanden, den billigen Rohstoff für die fragwürdigen Wählerbeglückungs-Programme der US-Regierungen und die gifthaltigen Produkte der Finanzindustrie zu liefern.

Die Ideologen waren die Wirtschaftswissenschaftler mit ihren Theorien, wonach der Finanzmarkt tunlichst in Ruhe zu lassen und der Entwicklung von Geld- und Kreditmengen keine Beachtung zu schenken sei. Die Ökonomen verfassten ihre Aufsätze im Namen von Objektivität und Wahrheitssuche, dabei dienten sie einseitig den Interessen von Bankwirtschaft und Politik. Aus der Lehre Adam Smiths, die sich dem »Wohlstand der Nationen« verpflichtet hatte, war ein Glaubensbekenntnis geworden, das die Finanzwirtschaft vor staatlicher Aufsicht schützte und der US-Regierung das ideologische Rüstzeug lieferte, ihr Modell von Wirtschafts- und Finanzpolitik über die ganze Welt zu verbreiten.

Das Ergebnis war eine beispiellose Abfolge von Finanzkrisen und Vermögenspreisblasen, die ihren Ausgangspunkt in der fehlgeleiteten Niedrigzinspolitik des amerikanischen Notenbankchefs Alan Greenspan hatte. Sie endete im Absturz, der 2007 begann und bis heute nicht beendet ist. Im Kern war sie nichts anderes als Inflationspolitik, die ihre besondere Ausprägung allerdings dadurch erhielt, dass die Preise nicht in der gesamten Wirtschaft, sondern nur auf wichtigen Finanzmärkten stiegen. Greenspan hatte das Kunststück fertiggebracht, eine gezielte Überschwemmung zu organisieren, eine Finanzmarktflut, die Unternehmen und Haushalte zwar weitgehend verschonte, in deren Sog aber das Geflecht aus Banken, Hedgefonds und Investmentfirmen immer reicher und mächtiger wurde.

Noch immer kämpft die Welt mit den Folgen dieser Flut, und man sollte meinen, dass sich die Prediger des angelsächsischen Wirtschaftsmodells aus Turbokapitalismus und Turbokeynesianismus heute in der Defensive befänden. Doch das ist nicht der Fall, im Gegenteil: Die führenden US-amerikanischen Finanzpolitiker, Währungshüter und Investmentbanker sind noch immer überzeugt, dass ihre Form der Überschwemmungspolitik die überlegene ist.

Natürlich, so räumen sie ein, ist Mitte des vergangenen Jahrzehnts nicht alles optimal gelaufen, es hat bedauerliche Übertreibungen und Missgriffe gegeben, die auch ein paar Korrekturen erforderlich machen. Manche Finanzmärkte benötigen neue Regeln, und auch die Aufsicht muss verbessert werden.

Was aber die grundsätzliche Richtung angeht, so sehen die Propagandisten der angelsächsischen Turboökonomie keinen Änderungsbedarf. Die Interessen der Finanzindustrie stehen in Washington und London noch immer obenan, weshalb britische wie amerikanische Regierungsvertreter zuletzt wieder vehement mahnten, es mit der Regulierung der Kapitalmärkte nicht zu übertreiben.

Die Politik des billigen Geldes gilt in der angelsächsischen Welt ohnehin als alternativlos, und so wird ihr von den Eliten in Regierung und Wirtschaft weiter der Status eines Allheilmittels zuerkannt. Notenbankchef Ben Bernanke gab im Januar des Jahres 2012 bekannt, dass die Fed-Gouverneure noch jahrelang mit Leitzinsen an der Null-Linie rechnen. Um den

Euro zu retten, empfehlen Washington und London den europäischen Währungshütern, die Sperrventile ihres Wasserwerks so weit zu öffnen wie nur irgend möglich. Staatsanleihen kaufen und die Banken für Jahre mit Liquidität überfluten: so lautete der mit Lautstärke vorgetragene Ratschlag aus Washington und London.

Dass er auch in Kontinentaleuropa auf viel Resonanz stieß, war nicht zuletzt deshalb befremdlich, weil die Schäden dieser Politik noch immer auf dem gesamten Globus zu besichtigen waren. Es gab Länder wie die USA, Spanien oder Irland, in denen Millionen von leer stehenden Häusern und Bürogebäuden vergeblich auf einen Käufer warteten. Es gab Banken in aller Welt, in deren Tresoren gewaltige Mengen wertloser Papiere aus der Subprime-Ära lagerten, deren Verlustrisiken die Bilanzen noch auf Jahre belasten werden. Und es gab die Staaten Südeuropas, die als Folge der Krise Milliardenschulden aufgenommen hatten, eine gewaltige Hypothek, die das Vertrauen der internationalen Investoren untergrub und die neue Währung des Kontinents an den Abgrund führte.

Ein Jahr nach der Krise bezifferte der Internationale Währungsfonds die Verluste aus der weltweiten Finanzkrise bereits auf den gigantischen Wert von vier Billionen Dollar, und es gibt Grund zur Annahme, dass die Schadenbilanz heute deutlich höher ausfällt. Ökonomen rechnen damit, dass die Bewältigung der Krise mindestens zehn Jahre dauern wird und in den beteiligten Ländern Kosten verursacht, die dem Volumen der Wirtschaftsleistung eines Jahres entsprechen.

Diese Lasten müssen verteilt werden, daran führt kein Weg vorbei. Am gerechtesten wäre es natürlich, die Kosten denen aufzuerlegen, die von den Exzessen der vergangenen Jahre am meisten profitiert haben: den internationalen Banken und Finanzkonzernen also.

Doch das wird schon deshalb nicht gelingen, weil die übermäßigen Profite der Branche längst verfrühstückt und ihre Perspektiven alles andere als rosig sind. Den Banken stehen viele Jahre mäßiger Geschäfte und dürftiger Gewinne ins Haus, dort gibt es nicht viel zu holen. Es gehört zu den bitteren Lehren der Finanzkrise, dass die Schäden eines staatlich verursachten Geldunterganges nicht den Tätern und Begünstigten angelastet werden können. In Wahrheit muss der Staat wählen, welche andere gesellschaftliche Gruppe er belastet – und welche Risiken er dabei in Kauf nimmt.

Die erste Möglichkeit besteht darin, die Steuern zu erhöhen, etwa die auf Vermögen. Dieser Weg hätte den Vorzug, dass die Lasten vornehmlich den besser gestellten Schichten der Bevölkerung auferlegt würden. Sein Nachteil wäre wirtschaftlicher Natur. Viele Bürger würden sich bemühen, ihre Werte ins Ausland zu schaffen.

Als zweite Möglichkeit könnte der Staat versuchen, die Gläubiger seiner Anleihen zur Kasse zu bitten.

Dazu müsste er nur den Zins seiner Papiere unter die jährliche Rate der Geldentwertung drücken, so entstünde ihren Inhabern ein realer Verlust, der sich beim Staat in entsprechenden Gewinnen niederschlüge. Nach diesem Verfahren, so hat die US-Ökonomin Carmen Reinhart festgestellt, haben sich die USA und Großbritannien in den fünfziger Jahren von ihren Schulden aus dem Zweiten Weltkrieg befreit. Vorteil der Methode ist, dass sie weitgehend im Verborgenen bleibt. Ihr Nachteil ist ihre Unsicherheit; hängt ihr Erfolg doch ausschließlich davon ab, ob es gelingt, die erforderlichen Niedrigrenditen am Markt durchzusetzen.

Die dritte Möglichkeit ist die bewährteste. Staat und Notenbanken lösen eine Inflation aus, die den Wert der öffentlichen Schulden langfristig mindert. Der Vorteil dieses Instruments ist, dass es sicher funktioniert. Der Nachteil sind seine übermäßigen Bürden für breite Bevölkerungsschichten wie Verbraucher, Arbeitnehmer oder Sparer. Dazu kommt, dass nicht sicher ist, wann und wie die Inflation entsteht, ob es eine allgemeine Geldentwertung sein wird oder ob die Preise nur in einzelnen Sektoren stark steigen – und damit eine neue Stufe der Krise ausgelöst wird.

Dennoch wird es auf eines dieser Verfahren hinauslaufen, denn viel mehr Möglichkeiten gibt es nicht. Um sich zu entschulden, hat der Staat stets seine Bürger zur Kasse gebeten, so wird es auch diesmal sein. Die Frage ist eher, ob sich auf diese Weise wirklich alle Folgen bewältigen lassen. Die öffentlichen Kreditlasten sind zwar die auffälligsten, aber längst nicht die einzigen Kosten der Krise. Genauso dramatisch ist, dass die Regierungen mit ihren exzessiven Ausgabenprogrammen nahezu jeden finanzpolitischen Spielraum eingebüßt haben. Mitte des vergangenen Jahrzehnts waren viele Staaten noch in der Lage, im Bedarfsfall schnell Konjunkturprogramme auflegen zu können. Heute sind die Regierungen derart verschuldet, dass sie neue staatliche Ausgabenprogramme gar nicht finanzieren könnten, selbst wenn es zu einem ökonomischen Absturz käme.

Das Gleiche gilt für die Notenbanken. Die Währungshüter in Europa und Amerika stellen Geld mittlerweile fast kostenlos bereit und haben für Hunderte Milliarden von Dollar Staatsanleihen gekauft. Nun sind sie auf Gedeih und Verderb an das ökonomische Schicksal der Staaten gekettet. Kann eine Regierung ihre Schulden nicht mehr bedienen, müssen die Papiere abgeschrieben werden, die Zentralbanken häufen entsprechende Verluste auf.

Es ist ein Tanz auf Messers Schneide: Gibt es eine Inflation, können die Währungshüter nicht mehr gegensteuern – höhere Zinsen würden den Staat in die Pleite treiben. Bei einer Deflation wären die Regierungen genauso machtlos, denn staatliche Konjunkturspritzen sind nicht mehr zu bezahlen.

Im Jahr vier nach dem Lehman-Crash stehen die Verfechter der angelsächsischen Turboökonomie vor dem Offenbarungseid. Angetreten mit dem Anspruch, für jede ökonomische Krankheit eine Medizin zu haben, sind sie nun auf krisenfreies Wachstum angewiesen. Bei der kleinsten Störung droht ihre Staatsschuld zu explodieren.

Schlimmer noch, die extreme Niedrigzinspolitik verstärkt die Abhängigkeit vom Ausland. Mit US-Anleihen ist kaum noch Geld zu verdienen. Was geschieht, wenn die inländischen Sparer das Vertrauen in amerikanische Papiere verlieren? Welche Konsequenzen sind zu erwarten, wenn auch die Anleger aus dem Ausland mit ihren billionenschweren Dollar-Vermögen nervös werden? Soll die amerikanische Notenbank dann auch diese Papiere vom Markt nehmen?

Kein Zweifel, am Beginn des 21. Jahrhunderts hat das angelsächsische Modell seinen Glanz verloren. Noch vor Kurzem galt die US-Wirtschaft als leuchtendes Vorbild, wie sich dauerhaft inflationsfreies Wachstum sichern lässt. Inzwischen sind die Schwächen unübersehbar. Die Herrschaft des billigen Geldes und der ungeregelten Märkte hat nicht nur die Finanzkrise ausgelöst. Sie hat die makroökonomische Instabilität zum Politikprinzip erklärt. Sie stürzt die Wirtschaft in eine beständige Abfolge extremer Auf- und Abschwünge, lässt Finanzblasen zum Dauerzustand werden und begünstigt eine Stimmungswirtschaft, in der es weniger darauf ankommt, nützliche Produkte und Dienstleistungen herzustellen, als den nächsten Ausschlag des Konjunkturzyklus vorherzusehen.

Was die angelsächsische Turboökonomie aber besonders fragwürdig macht, ist die Tatsache, dass sie unter der Losung der freien Marktwirtschaft extreme Eingriffe der Regierung erzwingt. In der kontinentaleuropäischen Form des Kapitalismus ist der Staat der Schiedsrichter, der darauf zu achten hat, dass alle nach den Regeln spielen. In den Vereinigten Staaten dagegen ist er die Eventagentur, die nach der Party den Müll wegbringt und die nächste Feier vorbereiten muss. So wird der Staat zum Mitspieler, der all jene Sektoren begünstigt, die zur Aufrechterhaltung des Festbetriebs gebraucht werden.

Es mag sein, dass diese Form der Party-Ökonomie in jenen Ländern ihre Berechtigung hat, die das Fördern der Finanzindustrie als nationale Aufgabe begreifen. Für die Euro-Zone dagegen, die sich auf die Herstellung hochwertiger Industriegüter spezialisiert hat, ist sie kein geeignetes Wirtschaftsmodell. Hier werden stabile Rahmenbedingungen gebraucht, sicheres Geld und eine Finanzwirtschaft, die sich als Diener und nicht als Domina der Realökonomie begreift.

Entsprechend sollten sich Europas Regierungen von jenem angelsächsischen Finanzkapitalismus lossagen, dem sie im vergangenen Jahrzehnt nur allzu bereitwillig gefolgt waren. Das bedeutet nicht, die politischen Bindungen zu den Bündnispartnern in den USA und Großbritannien zu lockern oder gar die Wertegemeinschaft der westlichen Demokratien aufzukündigen. Im Gegenteil: Auf den Gebieten der

Außen-, Sicherheits- und Handelspolitik muss die Kooperation eher verstärkt als zurückgefahren werden. Was Europa aber benötigt, ist ein Modell der Wirtschaftspolitik, das die Interessen der deutschen, französischen oder italienischen Realökonomie in den Vordergrund stellt und nicht die der Wall Street oder der Londoner City. Europa benötigt kein ständiges Fluten seiner Wirtschaft, von dem am Ende nicht mehr übrig bleibt als Strandgut, das die Finanzindustrie einsammeln kann. Europa benötigt ein starkes und unabhängiges Geldsystem, mit dem Haushalte und Unternehmen sicher kalkulieren können.

Den Politikern in Brüssel, Berlin oder Paris stellen sich damit zwei Aufgaben. Zum einen müssen sie die akute Krise ihrer Währung und ihres Bankensektors bewältigen, denen noch immer der Kollaps droht. Zum anderen sollten sie sich zu einem eigenständigen kontinentaleuropäischen Wirtschaftsmodell bekennen, das sich am besten jener bewährten Prinzipien der sozialen Marktwirtschaft bedient, die ihre Vordenker von Eugen von Böhm-Bawerk bis zu Ludwig Erhard nach dem Krieg entwickelt haben. Damals ging es darum, einen stabilen politischen Rahmen für eine dynamische Wettbewerbswirtschaft zu entwerfen, die durch Kartelle und Monopolstrukturen gefährdet wurde. Heute gilt es, tragfähige Ordnungsprinzipien für die bedrohte Währungsgemeinschaft zu entwickeln, eine Aufgabe, die gleichermaßen die Geld-, Regulierungs- und Finanzpolitik betrifft.

Europas Währungshüter sollten sich wieder jener

Prinzipien besinnen, die einst die Bundesbank in ihrer Stabilitätspolitik geleitet haben. Natürlich wäre es falsch, den Leitzins mechanisch an der Entwicklung der Geldmenge auszurichten, die als Indikator im Zeitalter der Finanzinnovationen nur eingeschränkt zu gebrauchen ist. Der Entwicklung des Geld- und Kreditvolumens aber muss wieder mehr Aufmerksamkeit geschenkt werden, als es die reine Lehre des »Inflation Targeting« empfiehlt. Stattdessen sollten die Währungshüter die Entwicklung der monetären Aggregate im Blick behalten und sich im Zweifel »gegen den Wind lehnen«, wie es unter Notenbankern heißt: bei starkem Geldmengen- und Kreditwachstum die Zinspolitik eher straffen, im umgekehrten Fall eher lockern.

Um zu verhindern, dass die Finanzindustrie ihrerseits übermäßige Schuldenrisiken aufbaut, müssen die Banken schärfer reguliert werden, wofür derzeit wichtige, unwichtige und sinnlose Maßnahmen diskutiert werden. Zu letzteren zählen die meisten Vorschläge, bestimmte Produkte wie etwa Kreditausfallversicherungen oder Handelspraktiken wie das Wetten auf fallende Kurse zu verbieten. Solche Versuche sind meist zum Scheitern verurteilt, weil die Finanzbranche schneller Ausweichprodukte und -methoden entwickelt, als die Regulierer neue Vorschriften erlassen können.

Zu den unwichtigen Maßnahmen zählt die viel diskutierte Finanztransaktionssteuer. Ihr Aufkommen ist gering. Weil die Banken die Abgabe in vollem

Umfang auf ihre Produkte und Leistungen aufschlagen können, fällt sie nicht den Geldinstituten, sondern den Kunden zur Last. Sie ist eher ein symbolischer Akt, der nur dann etwas bewirkt, wenn er von Maßnahmen begleitet wird, die tatsächlich wichtig sind. Zu denen zählt, den Banken einen größeren Eigenkapitalanteil vorzuschreiben, der ihre Möglichkeiten zu riskanter Kreditvergabe beschränkt und den Instituten im Krisenfall größere Sicherheitspolster verschafft. So können Verluste nicht mehr so leicht an die Steuerzahler weitergereicht werden. Zur selben Kategorie gehören auch all jene Maßnahmen, die in der Bankbranche institutionelle Schranken zwischen riskantem Investmentbanking und traditionellem, staatlich geschütztem Kredit- und Einlagengeschäft einziehen sollen. Auch dadurch ließen sich die Risiken für den Steuerzahler vermindern.

Das Problem: Die wirklich wichtigen Maßnahmen haben auch den höchsten Preis. Wenn die Kreditvergabe beschränkt wird, gibt es weniger Wirtschaftswachstum und damit weniger Verteilungsspielräume. Das ist zwar solider, aber für Politiker und Bürger schwer zu vermitteln. Sich für diesen Weg zu entscheiden braucht Mut und Durchhaltevermögen.

Die bedeutendste und schwierigste Aufgabe besteht freilich darin, eine neue Ordnung für das europäische Gemeinschaftsgeld zu finden. Heute krankt die Euro-Zone daran, dass es zwar eine Währungsunion, aber keine politische Union gibt. Die Regierungschefs von Madrid bis Helsinki müssen das ändern. Sie müssen Mechanismen finden, die den Staaten nicht nur strikte Grenzen in der Haushaltspolitik setzen, sondern auch geeignet sind, das wirtschaftliche Gefälle zwischen dynamischer Nord- und stagnierender Südzone des Kontinents zu vermindern. Wie das funktionieren kann, zeigen erfolgreiche Föderalstaaten mit gemeinsamer Währung. Das sind die USA und die Schweiz. Sie verbinden das Prinzip finanzpolitischer Eigenverantwortung (die Gemeinschaft haftet nicht für Schulden der Einzelstaaten) mit einem flexiblen Arbeitsmarkt und Umverteilungsinstrumenten auf Bundesebene wie einer landesweiten Einkommensteuer oder Arbeitslosenversicherung.

Folgen die Regierungen einer solchen Strategie, könnte der Kontinent tatsächlich zum Gegenmodell für die angelsächsischen Turboökonomien aufsteigen. Die Wirtschaft Europas wäre langweiliger, aber auch stabiler als das Konkurrenzmodell. Die konjunkturellen Ausschläge wären geringer, und statt des Finanzsektors würde in der Euro-Zone die Industrie dominieren.

Es geht dabei nicht um die buchstabengetreue Umsetzung von Einzelmaßnahmen, es geht um die Richtung. Manches, wie die Entwicklung einer neuen geldpolitischen Strategie, ließe sich schnell umsetzen. Anderes, wie die Einführung europaweiter Gemeinschaftssteuern, wird Jahrzehnte dauern. Entscheidend ist die grundsätzliche Orientierung. Der Weg zurück in den Nationalstaat ist Europas Politikern verbaut. Sie müssen ihr Einigungswerk fortsetzen.

Das Kunststück besteht nicht nur darin, eine weiter gehende Integration in manchen Politikfeldern mit der Rückverlagerung von Kompetenzen in anderen zu verbinden. Es wird auch ein bisher unbekannter Kraftakt, die Bevölkerung Europas von Europa zu überzeugen. Denn eines ist klar: Ohne eine Änderung der europäischen Verträge ist diese neue Euro-Zone nicht zu haben. Schon jetzt ist deutlich, dass England diesen Weg nicht mitgehen wird. Auch andere Länder Europas werden sich schwertun, Deutschland inklusive. In fast allen Ländern wird es Volksabstimmungen geben müssen, um die Währungsunion durch eine funktionierende politische Union zu ergänzen. Laut Bundesverfassungsgericht müssten bei einem so weitreichenden Eingriff in die Souveränität des Nationalstaats auch die deutschen Bürger in einem Referendum um ihre Zustimmung gebeten werden.

Bisher war Europa ein Projekt der Eliten. Die Bürger hat man so weit wie möglich außen vor gelassen. Es war einfacher, die großen Visionen nicht ständig von der kleinkarierten Realität der Bürger prüfen lassen zu müssen. Das ändert sich nun unausweichlich. Das ist die größte politische und gesellschaftliche Aufgabe für die Staats- und Regierungschefs, die Europa-Politiker und die Befürworter eines geeinten Kontinents.

Daneben stellt sich den Politikern ein drängenderes Problem: die Bekämpfung der akuten Krise. Schließlich sind die Folgen des größten Finanz-Crashs der Nachkriegsgeschichte noch längst nicht überwunden, die Krise der Gemeinschaftswährung flammt immer wieder auf. Die Flutwelle des Jahres 2008 ist zwar vorüber, doch noch immer stehen weite Teile des europäischen Finanzsektors unter Wasser. Manche Banken haben noch immer große Mengen an Giftpapieren aus dem Subprime-Desaster in der Bilanz. Andere sind eng mit den Krisenregionen Südeuropas verkoppelt, wieder andere haben sich zu stark im Geschäft mit Anleihen hoch verschuldeter Euro-Staaten engagiert. Banken- und Staatsschuldenkrise schaukeln sich fortwährend gegenseitig auf.

Vor allem Europas Zentralbank steht nun vor der Frage, wie sie reagieren soll. Macht sie es wie die US-Notenbank Fed, legt sie möglicherweise den Keim für die nächste Blase. Hält sie das Geld knapp, gehen die Banken unter Umständen reihenweise pleite, und die Wirtschaft stürzt in die Rezession.

2008, nach dem Lehman-Crash, entschieden sich die Geld- und Finanzpolitiker für die erste Variante. Nach keynesianischem Rezept legten sie Konjunkturprogramme auf und pumpten jede Menge Geld in die Wirtschaft. Es galt, die drohende Ansteckung der Realwirtschaft abzuwenden, die sich bereits in dramatisch rückläufigen Auftrags-, Produktions- und Umsatzzahlen niederschlug. Der Coup gelang, doch legte er zugleich die Grundlage für jenen dramatischen Anstieg der Staatsschulden, unter dem die Euro-Zone bis heute leidet.

Jetzt steht die Währungsunion in Flammen, und wieder werden die Forderungen nach einer neuen

Feuerwehraktion wie im Jahr 2008 lauter. Europas Politiker sollen die Konjunktur ankurbeln, die Frankfurter Euro-Notenbanker möglichst unbegrenzt Staatsanleihen aufkaufen und die Banken immer weiter mit billiger Liquidität versorgen. Genau so, wie sie es im Dezember 2011 dann auch taten. Damals überschütteten die Währungshüter Europas Banken mit Liquidität zum Nulltarif im Umfang von einer halben Billion Euro.

Die Aktion erfreute die Märkte und verschaffte Europas Politikern einen Zeitgewinn. Die Probleme aber löste sie nicht. Denn auf Dauer sind die Schwierigkeiten der Währungsunion und ihres Finanzsektors nicht mit immer mehr Geld, sondern nur mit echter Sanierung zu bewältigen. Viele Euro-Staaten müssen entschuldet und wieder wettbewerbsfähig gemacht werden. Zahlreichen europäischen Banken fehlt ein tragfähiges Geschäftsmodell. Natürlich müssen Politiker und Notenbanker bereit sein, sich einem erneuten Wirtschaftseinbruch entgegenzustemmen. Doch derzeit fehlt es den Banken nicht an Zentralbankgeld, sondern an Eigenkapital. Wer aber Länder wie Deutschland oder die Niederlande zu neuen Konjunkturprogrammen zu überreden versucht, würde den Schuldenstand ausgerechnet in jenen Ländern erhöhen, die als letzte Stabilitätsregionen des Kontinents gelten.

2008 war das Jahr, in dem keynesianische Rezepte gefragt waren. Damals haben die Regierungen zu Recht interveniert, um den Totalabsturz der Wirtschaft zu bremsen. Im Jahr 2012 ist eher die Zeit des österreichischen Nationalökonomen Friedrich August von Hayek. Er hat gelehrt, dass es dem Staat nicht möglich ist, die Marktzinsen dauerhaft unter jenes natürliche Niveau zu drücken, das sich aus dem Zusammenspiel von Angebot und Nachfrage ergibt, in diesem Fall: aus Entscheidungen von Sparern und Investoren.

Im Jahr 2010 war auf der Internet-Plattform You-Tube ein Video zu sehen, das die beiden Ökonomen Keynes und Hayek als gegnerische Rap-Stars zeigte. Der allseits beliebte Keynes predigte seine Theorien der Konjunkturankurbelung durch Staatsausgabenwachstum. Er ließ sich einen Whiskey nach dem anderen einschenken und torkelte von einer Bar zur nächsten. Hayek war der Spielverderber, der unbeliebte Streber, der keinen Tropfen anrührt. Am nächsten Morgen aber wachte Keynes mit einem gewaltigen Kater auf, und Hayek legte ihm kühlende Tücher auf die Stirn. Mit erhobenem Zeigefinger dozierte er, dass schwere Konjunktureinbrüche auf nichts anderes zurückzuführen sind als auf »Fehlinvestitionen« und »falsche Kapitalstrukturen« sowie auf jene »Expansion des Kredits«, die den künstlichen Aufschwung beherrscht hat.

Für Hayek war es kein Trost, dass er am Ende recht behalten hat. Denn schon in der nächsten Runde (das Nachfolgevideo entstand 2011) standen die Regierungen, die Notenbanken, die Regulierer und die Finanzinstitute wieder mit Keynes an der Bar. Alle behaupteten, aus dem Kater gelernt zu haben – und bestellten dann doch wieder die ersten Drinks.

Systeme, die am Ende nur noch auf einem vermeintlichen Lernfortschritt und auf Vertrauen gründen, sind nicht stabil. Das hat die Finanzkrise gezeigt. Nach der Weltwirtschaftskrise von 1929 hat es Jahrzehnte gedauert, bis ein neues Regime etabliert war. Es gründete auf klaren Regeln und setzte einen Rechtsrahmen, in dem sich die Marktteilnehmer frei bewegen konnten. Der Staat, die Aufsichtsbehörden und die Notenbanken setzten diese Regeln durch. Nun muss ein neues Rezept gefunden werden, das auch in einer global vernetzten Welt funktioniert. Vertrauen alleine ist dafür keine Geschäftsgrundlage. Das Spiel braucht Regeln, und es braucht Schiedsrichter. Diese Rolle müssen die Staatengemeinschaft und die Notenbanken wieder annehmen. Sie müssen das Kartell mit der Finanzwirtschaft kündigen.

Dank

Für dieses Buch haben viele mit uns gesprochen und diskutiert. Wertvolle Hinweise verdanken wir vor allem den Wirtschaftsprofessoren Henrik Enderlein, Stefan Homburg, Manfred J. M. Neumann, Michael Hüther und Martin Seidel. Der Chefvolkswirt der Deutschen Bundesbank, Jens Ulbrich, hat uns mit Informationen zur wissenschaftlichen Diskussion in der Geldpolitik versorgt, der Hauptgeschäftsführer des Bundesverbandes der Deutschen Industrie, Markus Kerber, hat uns von seinen Erfahrungen als Investmentbanker in London berichtet. Gundbert Scherf, Doktorand an der Freien Universität Berlin, half uns mit Erläuterungen zur Regulierung des Europäischen Finanzmarktes.

Wolfgang Nowak und Ute Weiland von der Herrhausen-Gesellschaft danken wir für ihre Hilfsbereitschaft und dafür, dass wir das Thema mit Politikern, Bankvorständen und Wissenschaftlern diskutieren konnten.

Unser Kollege, *SPIEGEL*-Redakteur Christian Reiermann, hat das Manuskript gelesen und kritischen Rat gegeben. Dorothea Schütz und Dorothee Fleischmann haben den Text ebenfalls kritisch durchgesehen. *SPIEGEL*-Dokumentarin Nina Ulrich hat uns mit Übersetzungen aus dem Italienischen unterstützt. Dafür danken wir ihnen sehr.

Besonderen Dank schulden wir dem *SPIEGEL*-Chefredakteur Georg Mascolo sowie den Leitern des Wirtschaftsressorts, Armin Mahler und Thomas Tuma, die das Projekt unterstützt haben.

Außerdem und vor allem aber danken wir unseren Freunden Margaret Heckel und Marcus Golter, die uns in der Schlussphase des Manuskripts geduldig zugehört haben.

Unsere Tochter Miriam hat ein paar Wochen lang wenig von ihren Eltern gehabt. Sie hat das mit Fassung getragen. Dafür danken wir ihr besonders – und den Großeltern, Verwandten und all ihren Freundinnen und deren Familien, bei denen sie in dieser Zeit übernachten, Plätzchen backen und Schulaufgaben machen durfte.

Literatur

Admati, Anat R./DeMarzo, Peter M./Hellwig, Martin F./Pfleiderer, Paul: »Fallacies, Irrelevant Facts, and Myths in the Discussion of Capital Regulation: Why Bank Equity is Not Expensive«, Stanford University Research News 2010.

Akerlof, George A./Shiller, Robert J.: *Animal Spirits: Wie Wirtschaft wirklich funktioniert*, Frankfurt am Main 2009.

Balzli, Beat/Schießl, Michaela: »Der Mann, der zu viel wusste«, in: *Der Spiegel* vom 6.7.2009, Seite 76–81.

Borio, Claudio: »The financial turmoil of 2007? A preliminary assessment and some policy considerations«, Bank for International Settlements, BIS Working Papers No. 251, März 2008.

Borio, Claudio: »Central banking post-crisis: What compass for uncharted waters?«, Bank for International Settlements, BIS Working Papers No. 353, September 2011.

Bruni, Franco: »L'acqua e la spugna – Troppa moneta: i guasti di oggi, il controllo di domani«, EGEA S.p.A., Mailand 2009.

Bruni, Franco: »Do we understand it? Forbidden questions on the financial crisis«, Paolo Baffi Centre Research Paper Series No. 2009–36, Università Commerciale Luigi Bocconi, Mailand 2009.

Bruni, Franco: »Europe and the world's economic governance: the monetary and financial perspective«, Paolo Baffi Centre Research Paper Series No. 2011–84, Università Commerciale Luigi Bocconi, Mailand 2011.

Brunnermeier, Markus K.: »Deciphering the Liquidity and Credit Crunch 2007 – 2008«, in: *Journal of Economic Perspectives*, Volume 23, No.1, Pittsburg 2009.

De Grauwe, Paul: »Europe needs the ECB to step up to the plate«, in: *Financial Times*, 19. Oktober 2011.

De Grauwe, Paul: »The European Central Bank: Lender of Last Resort in the Government Bond Markets?«, CESifo Working Paper No.3569, München September 2011.

Deutsche Bank Research: »In search of growth«, Frankfurt am Main, November 2011.

Deutsche Bank Research: »EU Monitor – Financial Market Special«, Frankfurt am Main, Dezember 2004.

Endlich, Lisa: *Goldman Sachs – Erfolg als Unternehmenskultur*, München 2000.

European Central Bank – Eurosystem: »Monetary policy: A journey from theory to practice«, ECB Colloquium 16. – 17. March 2006, Frankfurt am Main 2007.

EEAG Report on the European Economy: »A New Crisis Mechanism for the Euro Area«, CESifo Munich 2011, S. 71 – 96.

Enderlein, Henrik: »Lost in Transaction: German Banking and the Financial Market Crisis« (under review).

Felderer, Bernhard/Homburg, Stefan: *Makroökonomik und neue Mikroökonomik*, 9. verb. Auflage, Berlin, Heidelberg 2005.

Ferguson, Niall: *The Ascent of Money: A Financial History of the World*, London 2008.

Financial Service Authority (Hg.): *The Turner Review – A regulatory response to the global banking crisis*, London 2009.

Galbraith, John Kenneth: *The Great Crash 1929*, Boston/New York 2009.

Graeber, David: *Debt – The First 5000 Years*, New York 2011.

Graeber, David: »Money, Bodies, Materialism and Virtuality«, Podcast from the School of Anthropology and Museum Ethnography, Oxford University, 23.11.2010.

Greenspan, Alan: *The Age of Turbulence – Adventures in a New World, with a New Chapter on the Current Credit Crisis*, New York 2007.

Haldane, Andrew/Brennan, Simon/Madouros, Vasileios: »What is the contribution of the financial sector: Miracle or mirage?«, in: *The Future of Finance, The LSE Report*, London School of Economics and Political Science, London 2010.

Hank, Rainer: *Die Pleite-Republik – Wie der Schuldenstaat uns entmündigt und wie wir uns befreien können*, München 2012.

Hank, Rainer: *Der amerikanische Virus. Wie verhindern wir den nächsten Crash?*, München 2009.

Horn, Karen/Schwarz, Gerhard (Hg.): *Der Wert der Werte*, Zürich 2012.

Illing, Gerhard: *Zentralbanken im Griff der Finanzmärkte – Umfassende Regulierung als Voraussetzung für eine effiziente Geldpolitik*, Bonn 2011.

International Monetary Fund: *Fiscal Monitor – World Economic and Financial Surveys: Addressing Fiscal Challenges to Reduce Economic Risks*, Washington 2011.

Issing, Otmar: *Der Euro – Geburt, Erfolg, Zukunft*, München 2008.

Issing, Otmar: »Lessons for Monetary Policy, What Should the Consensus be?«, IMF Working Paper WP/11/97, April 2011.

Jaschinski, Siegfried: *Das Deutsche Finanzsystem – Achillesferse der Wirtschaft?*, Stuttgart 2011.

Johnson, Simon/Kwak, James: *13 Bankers – The Wall Street Takeover and the Next Financial Meltdown*, New York 2011.

Jordá, Óskar/Schularick, Moritz H. P./Taylor, Alan M.: »When Credit Bites Back: Leverage, Business Cycles, and Crisis«, NBER Working Paper 17621, Cambridge 2011.

Konrad, Kai A./Zschäpitz, Holger: *Schulden ohne Sühne? Warum der Absturz der Staatsfinanzen uns alle trifft*, München 2010.

Lewis, Michael: *Boomerang: The Meltdown Tour*, New York 2011.

Lewis, Michael: *The Big Short: Inside the Doomsday Machine*, New York, London 2010.

Lewis, Michael: *Liars Poker: Rising through the Wreckage on Wall Street*, Ontario 1989.

Marsh, David: *Der Euro – Die geheime Geschichte der neuen Weltwährung*, Hamburg 2009.

Moog, Stefan/Raffelhüschen, Bernd: »Ehrbare Staaten? Tatsächliche Staatsverschuldung in Europa im Vergleich«, in: *Stiftung Marktwirtschaft* Nr. 115, Berlin 2011.

Neumann, Manfred J.M.: »Internationale Finanzkrise und die Geldpolitik der Europäischen Zentralbank«, in: *Perspektiven der Wirtschaftspolitik*, Vol. 19, Issue 4, November 2009.

Paulson, Hank: *On the Brink: Inside the Race to Stop the Collapse of the Global Financial System*, London 2010.

Ramo, Joshua Cooper: »The Three Marketeers«, in: *Time Magazine* (Europe) 15.2.1999.

Regling, Klaus/Watson, Max: »A Preliminary Report on The Sources of Ireland's Banking Crisis«, Government Publications Sale Office, Dublin 2010.

Reinhart, Carmen M./Rogoff, Kenneth S.: *This Time is Different, Eight Centuries of Financial Folly*, Princeton 2009.

Roach, Stephen S.: »Central Banking in Crisis«, Morgan Stanley, 12.Dezember 2011.

Sachverständigenrat zur Begutachtung der gesamtwirtschaftlichen Entwicklung: »Die treibenden Kräfte der Finanzmarktkrise, Auszug aus dem Jahresgutachten 2007/2008«,

Schatz, Roland/Vollbracht, Matthias: *Trust Meltdown – The Financial Industry Needs a Fundamental Restart*, InnoVatio Publishing Ltd., Schweiz 2010.

Sedláček, Tomáš: *Economics of Good and Evil – The Quest for Economic Meaning from Gilgamesh to Wall Street*, New York 2011.

Sinn, Hans-Werner: *Kasino-Kapitalismus – Wie es zur Finanzkrise kam, und was jetzt zu tun ist*, Berlin 2009.

Shiller, Robert J.: »Finance and the Good Society«, Video, Public Lecture Series, Princeton University, 15.10.2010.

Steinbrück, Peer: *Unterm Strich*, Hamburg 2010.

Steingart, Gabor: *Deutschland – Der Abstieg eines Superstars*, München 2004.

Taylor, John B.: »The Financial Crisis and the Policy Responses: An Empirical Analysis of What Went Wrong«, Stanford University, November 2008.

Taylor, John B.: »The Need to Return to a Monetary Framework«, in: *Business Economics*, Vol. 44, No. 2, Hampshire 2009.

Taylor, John B.: »Does the Crisis Experience Call for a New Paradigm in Monetary Policy?«, CASE Network Studies & Analyses No. 402, Warschau, Juni 2010.

Taylor, John B.: »Origins and Policy Implications of the Crisis«, in: Roger Porter (Ed.): *New Directions in Financial Services Regulation*, MIT Press, Cambridge 2010.

The Financial Crisis Inquiry Commission: »The Financial Crisis Inquiry Report, Final Report of the National Commission on the Causes of the Financial and Economic Crisis in the United States, Official Government Edition«, Washington Januar 2011.

The Financial Crisis Inquiry Commission: »First Public Hearing of the FCIC, Financial Institution Representatives«, 13.1.2010, http://fcic.law.stanford.edu/videos/view/17.

The Financial Crisis Inquiry Commission: »Subprime Lending and Securitization and Government-Sponsored Enterprises, Session 1: The Federal Reserve«, 7.4.2010, http://fcic.law.stanford.edu/videos/view/1.

Wissenschaftlicher Beirat beim Bundesminister für Wirtschaft und Technologie: Zur Bankenregulierung in der Finanzkrise, Berlin 2009.

Woodford, Michael: »Financial Intermediation and Macroeconomic Analysis«, Columbia University, New York 2010.

Woodford, Michael: »Inflation Targeting and Financial Stability«, Columbia University, New York August 2011.

zfwu Zeitschrift für Wirtschafts- und Unternehmensethik: Ordnungspolitik und Wirtschaftsethik, Jahrgang 12/ Heft 2 (2011).

PIPER

Masha Gessen
Der Mann ohne Gesicht

Wladimir Putin – Eine Enthüllung. Aus dem Englischen von
Henning Dedekind und Norbert Juraschitz. 384 Seiten.
Gebunden

In einer Wahl, die nicht mehr als eine Farce ist, wird Wladimir
Putin am 1. März 2012 in das Präsidentenamt Russlands
zurückkehren. In den Jahren seiner Herrschaft – erst selber als
Präsident, dann als Premierminister, jetzt dann wieder als
auch formell erster Mann in Russland – hat er eines der größten Länder der Erde zu seinem persönlichen Herrschaftsbe-
reich gemacht. Er regiert wie ein Zar, nur effektiver. Die zag-
haften demokratischen Ansätze nach dem Ende des Kommunismus hat er erstickt: Die Opposition ist mundtot gemacht, prominente Kritiker wie Anna Politkowskaja oder
Alexander Litwinenko wurden ermordet. Eine dünne Ober-
schicht wird unermesslich reich – wenn sie Putin folgt.
Wenn nicht, landet sie im Gefängnis, wie der früher so reiche
und mächtige Michail Chodorkowskij. Putin ist schnell bei
der Hand mit politischen Prozessen.

01/1989/01/R